智库 中社
国家智库报告 2018（22）
National Think Tank
新时代中非友好合作

中非和平与安全合作

张春宇　张梦颖　著

CHINA-AFRICA COOPERATION IN THE PEACE AND SECURITY ISSUE

中国社会科学出版社

图书在版编目(CIP)数据

中非和平与安全合作/张春宇，张梦颖著．—北京：中国社会科学出版社，2018.8

(国家智库报告)

ISBN 978－7－5203－2992－7

Ⅰ.①中…　Ⅱ.①张…②张…　Ⅲ.①国家安全—国际合作—研究报告—中国、非洲　Ⅳ.①D815.5

中国版本图书馆 CIP 数据核字(2018)第 184933 号

出 版 人　赵剑英
项目统筹　王　茵
责任编辑　喻　苗
特约编辑　陈雅慧
责任校对　冯英爽
责任印制　李寡寡

出　　版　中国社会科学出版社
社　　址　北京鼓楼西大街甲 158 号
邮　　编　100720
网　　址　http://www.csspw.cn
发 行 部　010－84083685
门 市 部　010－84029450
经　　销　新华书店及其他书店

印刷装订　北京君升印刷有限公司
版　　次　2018 年 8 月第 1 版
印　　次　2018 年 8 月第 1 次印刷

开　　本　787×1092　1/16
印　　张　13
字　　数　129 千字
定　　价　56.00 元

凡购买中国社会科学出版社图书，如有质量问题请与本社营销中心联系调换
电话：010－84083683

充分发挥智库作用
助力中非友好合作

当今世界正处于大发展、大变革、大调整时期。世界多极化、经济全球化、社会信息化、文化多样化深入发展，和平、发展、合作、共赢成为人类社会共同的诉求，构建人类命运共同体成为各国人民共同的愿望。与此同时，大国博弈激烈，地区冲突不断，恐怖主义难除，发展失衡严重，气候变化凸显，单边主义和保护主义抬头，人类面临许多共同挑战。中国是世界上最大的发展中国家，人类和平与发展事业的建设者、贡献者和维护者。2017 年 10 月中共十九大胜利召开，引领中国发展踏上新的伟大征程。在习近平新时代中国特色社会主义思想指引下，中国人民正在为实现“两个一百年”奋斗目标和中华民族伟大复兴的“中国梦”而奋发努力。非洲是发展中国家最集中的大陆，是维护世界和平、促进全球发展的重要力量之一。近年来非洲在自主可持续发展、联合自强道路上取得了可喜进展，从西方人眼中“没有希望的大陆”变成了“充满希望的大陆”，成为“奔跑的雄狮”。非洲各国正在积极探索适合自身国情的发展道路，非洲人民正在为实现“2063 年议程”与和平繁荣的“非洲梦”而努力奋斗。

中国与非洲传统友谊源远流长，中非历来是命运共同体。中国高度重视发展中非关系，2013 年 3 月习近平主席担任国家主席后首次出访就选择了非洲；2018 年 7 月习近平主席连任国家主席后首次出访仍然选择了非洲；5 年间，习近平主席先后 4 次踏上非洲大陆，访问坦桑尼亚、南非、塞内加尔等 8 国，向世界表明中国对中非传统友谊倍加珍惜，对非洲和中非关系高度重视。2018 年是中非关系的“大年”，继习近平主席访问非洲之后，中非合作论坛北京峰会将于 9 月召开，这是中非合作论坛史上的第三次峰会。中非人民对此充满热情和期待，国际社会予以高度关注。此次峰会必将进一步深化中非全面战略合作伙伴关系，推动构建更为紧密的中非命运共同体，成为中非关系发展史上又一具有里程碑意义的盛会。

随着中非合作蓬勃发展，国际社会对中非关系的关注度不断加大，出于对中国在非洲影响力不断上升的担忧，西方国家不时泛起一些肆意抹黑、诋毁中非关系的奇谈怪论，诸如“新殖民主义论”“资源掠夺论”“债务陷阱论”等，给中非关系发展带来一定程度的干扰。在此背景下，学术界加强对非洲和中非关系的研究，及时推出相关研究成果，讲述中国在非洲的真实故事，展示中非务实合作的丰硕成果，客观积极地反映中非关系，向世界发出中国声音，显得日益紧迫重要。

中国社会科学院以习近平新时代中国特色社会主义思想为指导，按照习近平总书记的要求，努力建设马克思主义理论阵地，发挥为党和国家决策服务的思想库作用，努力为构建中国特色哲学社会科学学科体系、学术体系、话语体系作出新的更大贡献，不断增强我国哲学社会科学的国际影响力。我院西亚非洲研究所是根据当年毛泽东主席批示成立的区域性研究机构，长期致力于非洲问题和中非关系研究，基础研究和应用研究并重，出版发表了大量相关著作和论文，在国内外的影响力不断扩大。

为了服务国家外交大局，配合即将召开的中非合作论坛北京峰会，西亚非洲研究所与国际合作局共同组织编写了《新时代中非友好合作智库报告》。这是一套系列智库报告，包括一个主报告和八个分报告。主报告《新时代中非友好合作：新成就、新机遇、新愿景》总结了党的十八大以来，中非双方通过共同努力，在政治、经贸、人文、和平安全等合作领域取得的伟大成就，分析了中国特色社会主义进入新时代为非洲发展和中非合作带来的新机遇，展望了未来中非友好合作的新愿景和重点对接合作领域。分报告包括：《中非直接投资合作》《“一带一路”倡议与中非产能合作》《中非减贫合作与经验分享》《中非人文交流合作》《中非和平与安全合作》《中国与肯尼亚友好合作》《中资企业非洲履行社会责任报告》和《郑和远航非洲与21世纪海上丝绸之路》。它们分别从不同领域和角度详细阐述了中非合作取得的成就，面临的问题和挑战，以及未来发展合作的建议。主报告和分报告相互联系，互为一体，力求客观、准确、翔实地反映中非合作的现状，有利于增进人们对中非关系的认识和了解，为新时代中非关系顺利发展提供学术视角和智库建议。此外，这套智库报告英文版将同时出版，主要面向非洲国家和国际社会，向世界表明中非友好合作完全符合双方26亿人民的根本利益，完全顺应世界和平稳定与发展繁荣的历史潮流。

这套智库报告从策划立项到组织编写，再到印刷出版，前后只有5个月，时间紧，任务重，难免有缺憾和疏漏之处。例如，非洲国家众多，但国别合作报告只有一本《中国与肯尼亚友好合作》，略显单薄，如果至少有5—10本类似的国别合作报告，那么整套智库报告将会更为全面，更为丰满，希望将来有机会弥补这一缺憾，能够看到更多的中非国别合作报告。相信在国内非洲学界的共同努力下，我国的非洲研究和中非关系研究将不断攀登新高峰，从而更好地服务国家战略，助力新时代中非友好合作全面深入发展。

中国社会科学院副院长

蔡 昉

2018 年 8 月

摘要：近年来，中国与非洲地区的经贸合作关系越来越密切，中国已成为该地区最重要的国际贸易伙伴和外资来源国，未来双方具有进一步扩大和深化经贸合作的空间。非洲安全局势喜忧参半；总体安全局势向好，冲突、战争等传统安全热点减少；但新型安全挑战不断涌现，非传统安全成为更严重的挑战。这种复杂的安全局势是内外因综合作用的结果，原因包括部族主义、资源诅咒、经济发展长期滞后和严重的粮食危机、国家治理能力不足、外部势力的干涉、全球化和技术进步的放大效应等。非洲国家内部的安全治理和外部势力对和平与安全事务的干涉均呈现明显的军事化特征。来自外部的军事化干涉加强了该地区国家对外部势力干涉的依赖，压制了本身安全治理能力的提升，形成了“冲突—外部势力干涉—外部势力撤出—冲突重现”的恶性循环。地区安全局势对国际经贸合作有明显影响。保护海外利益需要中国政府、企业和社会各界的共同努力。中国政府要在以往基础上继续强化与非洲地区的和平与安全合作，双方的合作要符合全球经济、政治安全格局的演进，符合中非关系升级的需要，符合该地区和平与安全性质的变化，符合中国参与国际事务理念和方式的转化。

关键词：和平与安全；部族主义；资源诅咒；建设性介入；包容性发展

Abstract: In recent years, the economic relations between China and African countries is increasingly frequent, and China has become the most important international trade partner and an important source of foreign investment for Africa. Therefore, there is room for both sides to further expand and deepen the economic and trade cooperation. The regional security situation in Africa has become a mixed story. On the one hand, it shows a generally positive trend and the regional conflicts, wars and other traditional security issues have declined. On the other hand, various new kinds of security challenges continuously emerge, and non-traditional security issues become the most serious ones. This complex security situation is the result from the joint effects of both internal and external factors, including tribalism, resource curse, long-term economic underdevelopment, severe food shortage, incompetent state governance, intervention of external forces, globalization, and the amplification effects of technological advance. Both security governance within African countries and external forces' intervention on regional peace and security affairs are manifestly characterized by militarization. The military intervention of external forces enhances the region's dependence on external forces' intervention and suppressed their own capacity improvement of security governance, creating a vicious circle of "conflict-external intervention-withdrawal of external forces-recurrence of conflict".

Regional security situation exerts an evident influence on international economic and trade cooperation. The protection of overseas interests requires the joint efforts of Chinese government, enterprises and all sectors of the society to take corresponding measures. On the basis of previous endeavors, Chinese government should continue to strengthen cooperation with African countries on the peace and security affairs. The cooperation between the two sides should be in line with the evolution of global economic and political security pattern, satisfy the demand for the upgrading of China-Africa relations, conform to the change of regional peace and security property, and accord with the shift of China's participation mode in international affairs.

Key words: peace and security, tribalism, resource curse, constructiveengagement, inclusive development

目　　录

一　中非和平与安全合作相关主要概念

（一）选题意义

中非关系源远流长，传统友谊深厚，双方在交往过程中始终秉持真诚友好、平等相待的原则和理念。中国和多数非洲国家在政治、经济、外交、文化等领域都是重要的合作伙伴，在国际事务中也互相支持，风雨同舟。非洲是中国重要的对外经济合作地区，中国是非洲最大的贸易伙伴国，2016 年，中国与非洲进出口总额达 1491.2 亿美元；[①] 中国也是非洲地区重要的外资来源国，2016 年，中国对非洲非金融类直接投资流量达 33 亿美元，同比增长 14%。[②]

---

① 《2016 年中非贸易数据统计》，参见中国商务部网站，http：//www.mofcom.gov.cn/article/tongjiziliao/fuwzn/swfalv/201704/20170402557489.shtml。

② 同上。

进入21世纪以来，非洲地区安全局势日趋错综复杂。随着中国在该地区投资、贸易和其他各项交流活动的增加，当地安全局势对中国在当地的利益影响越来越大，保护中国人的人身安全、中国企业的投资利益迫在眉睫。而以联合国、欧盟、美国、法国为代表的外部势力在“保护的责任”理念的指导下，对非洲地区安全事务进行了多次直接军事干涉，不仅主导了当地的安全走势，给该地区带来了更多的灾难和动荡，也在塑造着国际和平与安全处置机制。这种局面加剧了非洲地区安全局势的复杂性，也使中国在当地的利益保护面临更多的挑战。

因此，非洲地区安全局势如何，对中国在当地的利益产生了哪些直接和间接的影响？外部势力对非洲地区安全事务进行了哪些干涉，具备何种特点，未来的走势如何？中国在非洲地区的利益如何保护？中国如何“建设性”地参与非洲地区安全事务，就成为迫切需要研究的问题。

本书具有一定的理论和现实意义。“发展—安全关联”已经成为国际社会广为接受的概念；发展合作是中非合作的重点，以发展促和平是中非双方共同的意愿，但发展的含义和目标是实时变化的，在目前的国际形势下，在中国提出“一带一路”倡议、非洲提出“三网一化”工程、非盟提出“2063年愿景”等的背景下，发展对于中非双方具有哪些新的含义，需要研究回答。21 世纪以来，中非和平与安全合作出现了很多新特点。中国开展和平与安全合作的理念与主要国际组织、西方大国和部分非洲国家存在明显的差异。随着中国海外利益的不断扩大和要求中国承担更多责任和义务的国际压力的增大，未来中国必然将更深入地参与全球和平与安全事务。为与国际社会更好地衔接，有必要在适当的时候，在一定程度上优化中国的不干涉内政原则，“建设性介入”非洲安全事务成为一种可能的选择。在学术界，不同学者对“建设性介入”的解读有所不同，对于中非合作而言，什么是“建设性”，如何“建设性介入”，这也是需要研究的问题。

（二）相关概念界定

1. 研究对象

西部非洲地区安全问题尤为突出，因此该地区是本书重要的研究对象，书中多处以对西部非洲的研究为例，这就需要首先对西部非洲地区的地理概念进行界定。一般而言，非洲地区可以分为东部非洲、南部非洲、西部非洲、北部非洲和中部非洲；截至目前，不同学科、不同研究者有着不同的划分方式和方法，并没有一种被各学科、各领域专家公认的具体划分方式和方法。在以政治学、经济学为代表的社会科学领域研究中，一般以西共体15个成员国作为西部非洲地区国家，即贝宁、布基纳法索、多哥、佛得角、冈比亚、几内亚、几内亚比绍、加纳、科特迪瓦、利比里亚、马里、尼日尔、尼日利亚、塞拉利昂和塞内加尔；或者以联合国、世界银行、国际货币基金组织、非洲发展银行等国际组织的研究报告中的划分为依据，例如联合国贸发会议的一些统计报告中的西部非洲包括17个国家和地区，比西共体15国增加了毛里塔尼亚和圣赫勒拿。[①] 但不同国际组织的研究报告对西部非洲地区的划分也不尽一致，为适应研究的特点和研究内容的需要，本书中的西部非洲地区主要采取了广义的西部非洲地区概念，包括西共体成员国和几内亚湾国家，即西共体15国加上喀麦隆、赤道几内亚、加蓬、圣多美和普林西比。因为西部非洲地区多数和平与安全问题都具有显著的区域性特征，普遍涉及西共体国家及几内亚湾国家，喀麦隆、赤道几内亚等国家虽然在地理概念划分中属于中部非洲，但这些国家与西部非洲国家发生的安全问题联系非常紧密，在研究安全问题时，我们不能人为地以地理概念将这些国家与西部非

① 参见UNCAD, *UNCAD Handbook of Statistics 2010*, United Nations Publication, 2010, p. 226。

洲国家切割开来，必须作为一个整体来进行研究。

从研究的目的出发，本书主要致力于对21世纪以来非洲地区安全事务进行研究，重点研究21世纪第二个十年以来的安全事务，对21世纪以前的安全事务涉及较少。

2. 和平与安全

和平与安全是国际政治理论研究的一个重点问题，目前并没有一个关于和平与安全的权威、统一的定义。因为，处于不同语境、不同地位的主体，对和平与安全的感知存在明显的差异，对和平与安全也就有着不同的界定。关于和平概念的研究有很多，分类也有多种，下文中提及的“消极的和平”和“积极的和平”即为一种分类方式。国际政治理论中，多数关于和平的定义属于“消极的和平”，如法国著名的社会思想家雷蒙·阿隆（Raymond Aron）给出的和平概念是：“和平就是一种敌对政治单元之间暴力持续的中断”，这就是一种典型的“消极的和平”定义，即不存在战争即为和平；[①] 这种“消极的和平”概念存在明显的缺陷，日本著名国际关系学者星野昭吉认为，“消极的和平”的概念“忽视了产生这些暴力的动力和源泉，

① David P. Barash, *Introduction to Peace Studies*, Belmont: Wadsworth, 1991, p. 7.

也忽视了非和平状态的存在”。[①] 另一类关于和平的定义是“积极的和平”，最早由奥斯陆国际和平研究所（Peace Research Institute，PRIO）学者约翰·加尔通（Johan Galtung）提出，他认为，由国际社会结构引起的暴力是结构性暴力，积极的和平就是没有结构性暴力。社会的不公正，例如国际社会权力的不平衡，权力的剥夺和财富多寡的悬殊等是引起结构性暴力的原因，只有抛弃社会不公正才能获得“积极的和平”。[②] 对于“消极的和平”和“积极的和平”这两种不同的和平概念，不同类型的国家关注程度不同。在国际社会中处于权力结构上层的发达国家更认可“消极的和平”概念，因为发达国家受结构暴力的困扰较小；而处于国际社会权力下层的发展中国家更接受“积极的和平”概念，因为发展中国家受结构暴力影响更大。[③]

本书认为，“积极的和平”概念更多地关注了和平的深层次原因，“积极的和平”强调从创造包容性发展、社会公平、提高民众福祉等角度来消除结构性暴力，实现和平的状态，其实质和内涵与中国目前实施

---

① ［日］星野昭吉：《全球政治学——全球化进程中的变动、冲突、治理与和平》，刘小林、张胜军译，新华出版社 2000 年版，第 256 页。

② 倪世雄等：《当代西方国际关系理论》，复旦大学出版社 2001 年版，第 259—242 页。

③ ［日］星野昭吉：《全球政治学——全球化进程中的变动、冲突、治理与和平》，刘小林、张胜军译，新华出版社 2000 年版，第 263 页。

的“一带一路”倡议的目标和宗旨一致，中国的“一带一路”倡议追求沿线国家和地区的包容性发展、共同繁荣和民众共同福祉的提升。“积极的和平”是一种更能体现发展中国家利益的和平概念。笔者在研究中发现，国际组织和西方国家对非洲地区实施直接军事干涉，获得的结果是发达国家关注的“消极的和平”，对其而言，干涉取得了重大的成果，但对于更关注“积极的和平”的非洲国家和民众而言，这种“消极的和平”并不是他们所需要的“真和平”，非洲地区安全问题产生的根源并没有得到根除，“消极的和平”暂时掩盖了的矛盾往往会在某一时刻，以更为激烈的方式再度爆发。

国际政治理论中对安全的定义更加多样，李少军对国际政治中的安全概念进行了系统的梳理；[①] 储昭根研究认为，安全的定义及外延在社会科学语境中缺少广泛的共识，人们根据各自的思想观念、文化和对现实的认知观察，会对安全的定义得出不同的价值与意义。[②] 在诸多安全定义中，本书认为，阿诺德·沃尔弗斯（Arnold Wolfers）从主观和客观两个视角来定义的安全概念，具有较强的合理性，他认为“安全，在客

---

① 李少军：《国际政治学概论》，上海人民出版社 1995 年版，第 146—152 页。

② 储昭根：《安全的再定义及其边界》，《国际论坛》2015 年第 4 期。

观的意义上，表明对所获得的价值不存在威胁，在主观的意义上，表明不存在这样的价值会受到攻击的恐惧”。[1] 对非洲地区安全问题的认知，应该从主观和客观两个维度考量，才可能获取相对全面和准确的结论。在客观上实现没有攻击的安全状态；在主观上认为没有受到攻击的威胁，才是一种“安全”的状态。

3. 增长与发展

冷战后，人们发现，发展与安全问题之间的关系密不可分，两者在世界各国的政策中也相互交融。基于此，“发展—安全关联”的概念被提出，该概念最早是瑞典国际和平研究所 2003 年在一篇研究报告中提出的，[2] 之后，该概念得到了很多西方国家研究机构的认可。“发展—安全关联”概念在政策实践层面体现为“发展政策的安全化”和“安全政策的发展化”。

中国一直以来就非常重视发展与和平之间的关系，以发展促和平，是中国参与国际社会和平与安全事务的重要理念和方式；随着时代的进步和国内外环境的

① 李少军：《国际政治学概论》，上海人民出版社 1995 年版，第 150 页。

② International Peace Institute, “Security-Development Nexus: Research Findings and Policy Implications, Security-Development Nexus Program Report”, 2006, http://www.ipacademy.org/publication/policy-papers/detail/131.-security-development-nexus-research-findings-and-policy-implications-security-development-nexus-program-report.html.

变化，发展的含义也在不断地演进。

20 世纪 90 年代以来，全球经济增速较快，财富总量迅速增长，但与此同时，全球贫困人口占比却并没有出现大幅度的降低，而且相当比重的贫困人口处于长期贫困状态，这种长期贫困具有明显的代际传承性。这说明，经济的快速增长并不是减贫的充分条件。经济增长（economic growth）和经济发展（economic development）在很多语境下被替换使用，但在发展经济学中，两者的含义有很大的不同。经济增长是指一国国民收入和产品的增加；经济发展包含的范围更广，在经济增长的基础上，还包括经济结构的根本性变化、居民生活水平的提高等含义。因此，首先要明确一点，即中国提出的以发展促和平，发展的含义不只是经济增长，而应包括经济结构变化在内的广泛内容。

近年来，包容性增长和包容性发展成为学术界研究的重要概念。2003 年，林毅夫教授在发展政策的相关研究中提出了包容性增长的概念；[①] 亚洲开发银行在 2004 年促进贫困减除战略中也提出要实现“包容性社会发展”；自此，包容性发展成为发展经济学领域的一个重要概念，也开始逐渐被国际社会所接受和使用。

---

① Justin Yifu Lin, “Development Strategy, Viability and Economic Convergence”, *Economic Development and Cultural Change*, Vol. 51, No. 2, 2003, pp. 277 – 308.

2007年，亚洲开发银行发布报告提出，亚洲开发银行必须实现重大转变，以期更好地服务于包容性增长，[①] 并将包容性增长与环境的可持续增长、区域一体化一道确定为长期战略框架的三大支柱。作为世界最重要的减贫机构，世界银行也形成了包容性发展的若干政策，如《2008年增长报告——可持续增长和包容性发展的战略》。

包容性发展并没有一个权威、统一的概念，本书认为，根据现有的研究，包容性发展的基本内涵应为，它是一种机会平等、具有共享性的增长，[②] 是益贫式增长（pro-poor growth），包容性发展有利于发展中国家中的大多数人；[③] 可以实现穷人的充分就业，有利于缩小贫富差距。[④] 基于以上基本内涵，包容性发展的政策实践必须要能够确保以下几点：首先，实现经济快速增长，创造大量的就业机会；其次，保证发展主体的

---

① ADB, *Eminent Persons Group Report*, Manila: Asian Development Bank, 2007.

② Ali, I. and Zhuang, J., *Inclusive Growth toward a Prosperous Asia: Policy Implications*, ERD Working Paper No. 97, Manila: Asian Development Bank, 2007.

③ Besley, Timothy; Burgess, Robin and Esteve-Volart, Berta, "The Policy Origins of Growth and Poverty in India", in Besley, Timothy and Cord, Lousie J. (eds.), *Deliveringon the Promise of Pro-poor Growth*, New York: Palgrave Macmillan and the World Bank, 2007, pp. 59 - 78.

④ Felipe, J., *Macroeconomic Implications of Inclusive Growth*, mimeo, Manila: Asian Development Bank, 2007.

全民性，保证贫困人口和弱势群体不被经济社会所排斥，实现机会均等；最后，保障发展内容的全面性和综合性，即包容性发展追求经济社会的全面协调发展，而不仅局限在经济增长上。[①] 根据中国和非洲大陆多数国家的发展战略和政策目标，显而易见，包容性发展是双方共同追求的目标，因此中国所倡行的以发展促和平原则中发展的概念可以定义为包容性发展。

4. “建设性介入”

不干涉内政一直是中国外交的基本原则，随着中国海外利益的不断扩大和要求中国承担更多责任和义务的国际压力的增大，未来中国必将更深入地参与全球和平与安全事务。在此过程中，中国需要与国际社会更好地衔接，更密切地合作，因此需要在适当的时机，赋予不干涉内政原则新的时代含义。

近年来，“建设性介入”非洲和平与安全事务的提法在学术界得到了一定的认可，部分学者对“建设性介入”进行了系统的研究。王逸舟研究认为，“创造性介入”是“以中国的调节声音和自身资源，在充分尊重当事国人民和多数政治派别的前提下，帮助有关国家增强自主决定发展方向的能力”；“反对任何外力

① 高传胜：《论包容性发展的理论内核》，《南京大学学报》（哲学·人文科学·社会科学版）2012 年第 1 期。

强行更改这些主权国家的政权，尤其反对以外部军事打压和侵略占领的办法剥夺受打压一方的政治权利和安全能力”。[①] 赵华胜研究认为，“建设性介入”可以定义为：在尊重国际法准则的前提下，以积极参与的方式化解冲突和危机，避免事态的恶化，促进国家和地区的和平与稳定。[②] 周士新认为，“建设性介入”是广义干预概念下一种灵活的政策行为，但要超越西方的传统干涉概念，必须依据国际法的基本原则，强调客观中立地提出政策建议。[③] 张忠祥概括了中国“建设性参与”非洲和平与安全事务的内涵，包括支持非洲国家以非洲的方式自主解决非洲问题的努力，在充分尊重非洲意愿、不干涉内政、恪守国际关系基本准则的基础上，为维护和促进非洲和平与安全发挥建设性作用；重视发挥联合国的作用，重视发挥非盟及次区域组织的作用，支持非洲集体安全机制建设；劝和促谈，坚持通过对话协商和平解决争端；坚持以发展促和平，以和平谋发展，认真贯彻共同、合作、综合

---

① 王逸舟：《创造性介入：中国之全球角色的生成》，北京大学出版社 2013 年版，第 107—108 页。

② 赵华胜：《不干涉内政与建设性介入——吉尔吉斯斯坦动荡后对中国政策的思考》，《新疆师范大学学报》（哲学社会科学版）2011 年第 1 期。

③ 周士新：《中国对中东变局的建设性介入》，《阿拉伯世界研究》2013 年第 2 期。

和可持续的安全共识。① 杨宝荣研究认为，中国“建设性参与”非洲经济安全合作，要坚持非洲主导作用原则、经验交流原则、积极参与原则和提升非洲发展能力原则。②

综合各位学者的研究结论，本书认为，“建设性介入”非洲和平与安全事务的内涵应是：只要有利于非洲和平与安全局势好转，能够让拿枪杆子的人坐在谈判桌前交流和对话，互相尊重，以对话取代对抗，劝和促谈，坚持以对话协商解决争端的方式就是建设性的方式；凡是在这个原则下采取的方法或措施都是“建设性介入”的方法和手段。“建设性介入”表现为一种主动的行为，一旦时机成熟，即予以介入，而非被动等待。需要注意的两点是：其一，“建设性介入”与不干涉内政之间并没有泾渭分明的界线，可能存在着灰色区域，可能被逾越或滥用，需要提高警惕。其二，“建设性介入”不意味着必须介入，它只是一项政策策略和政策选项；“建设性介入”必须形成一套自我约束机制，以免重蹈西方国家覆辙，背上沉重的

① 张忠祥：《中非和平与安全合作：成就、挑战与前瞻》，《中国建设性参与非洲和平与安全国家研讨会论文集》2016 年 10 月，第 235—243 页。

② 杨宝荣：《一带一路框架下对非洲经济安全的关注与合作》，《中国建设性参与非洲和平与安全国家研讨会论文集》2016 年 10 月，第 218—219 页。

政治和经济包袱。

5. 部族主义

多数非洲国家部族众多，族体构成复杂；在很多国家，没有任何一个部族的人口数量超过全国总人口的50%。非洲地区破碎的自然地理环境导致部族之间交流不便，加之西方殖民者的入侵，阻碍了部族向现代民族发展的步伐。目前，尚没有一个权威、严格的部族定义，但部族的特征是很明显的。部族是历史发展形成的人类共同体，连接部族成员社会关系的纽带首先是相同的地域，其次才是血缘；部族以地域关系为核心，区别于以血缘关系为核心的氏族，也区别于以经济关系为核心的民族。部族一般具有相同的语言、文化，部族总体发展水平处于氏族和民族之间。[①] 关于部族主义，不同的学者给出了不同的定义。著名学者L. 西拉认为，“部族成员更多的是由自行树立的对他族的看法联系在一起的。因此，部族主义是一种集团心理，一种群居幻想或是一种意向”。[②] 张忠民研究认

---

① 关于部族的定义可参见张宏明《论黑非洲国家不足问题和部族主义的历史起源——黑非洲构架政治发展中的部族主义因素之一》，《西亚非洲》1995年第5期，第44页。

② L. 西拉：《黑非洲的部族主义与单一党》，法国全国政治科学基金1977年法文版，第23页，转引自张宏明《论黑非洲国家不足问题和部族主义的历史起源——黑非洲构架政治发展中的部族主义因素之一》，《西亚非洲》1995年第5期，第45页。

为，部族为了自身的生存和利益经常发动对邻近部族的掠夺战争，并在掠夺战争中结成部族联盟。这种侵略、掠夺其他部族和结盟的思想意识就是部族主义。[①]张宏明研究认为，“我群与他群的对立与区别，它是通过具有相对稳定性的一系列文化特征而得以维系的，是基于部族成员共同创造的文化而产生的一种对我族的认同感，即部族自我意识。这种部族自我意识不仅反映了某一特定部族的文化心理特征，而且还反映了其成员自认为属于同一个族体的观念”。[②] 在部族主义的定义上，本书倾向于采用张宏明教授的定义；从历史实践看，部族主义认同感十分稳定，具有很强的传承性；部族利益往往高于国家利益，对部族的认同高于对国家的认同；部族矛盾和部族主义的存在一直是非洲地区动荡不安的重要原因之一。

6. “资源诅咒”

“资源诅咒”是一个经济学概念。经济学理论一直致力于探究经济增长的源泉，自然禀赋、资本、技术进步、企业家精神、秩序与法律等相继被认为是经济增长重要的原因。近代以来的人类经济发展史表明，

---

① 张忠民：《泛非主义、非洲民族主义、部族主义关系浅析》，《徐州师范学院学报》（哲学社会科学版）1996 年第 4 期。

② 张宏明：《论黑非洲国家部族问题和部族主义的历史渊源》，《西亚非洲》1995 年第 5 期。

自然资源对于一国国民财富的初始积累具有十分重要的作用；自然资源丰富的国家比自然资源贫瘠的国家更有率先突破贫困陷阱，实现经济腾飞的可能。一直到20世纪中期，认为资源禀赋与经济增长之间正相关是经济学界的主流观点。

但20世纪70年代开始，一些资源丰富的国家却出现了经济增长缓慢、倒退，甚至是严重恶化的情况，而相反，新加坡、韩国、中国香港等资源贫瘠的国家或地区却实现了经济的高速增长，不断创造经济增长的奇迹，这一现象引起了经济学界的高度重视，引发了人们对资源禀赋与经济增长之间正相关的观点的反思。1993年，美国经济学家奥蒂（Auty）在研究矿业资源丰富国家的经济发展问题时，首次提出了“资源诅咒”的概念。[①] 1997年，美国经济学家萨克斯（Sachs）和沃纳（Warner）选取了95个发展中国家为样本，测算了1970—1989年这些国家的GDP年增长率，其中仅两个资源丰富型国家GDP年增速超过2%，低于同期资源贫瘠的国家和地区的经济增速；通过回归检验表明，自然资源禀赋与经济增长存在显著的负相关，资源型产品出口占GNP比重每提高16%，经济增

---

① Auty, “Industrial policy reform in six large newly industrializing countries: The resource curse thesis”, *World Development*, Vol. 22, 1994, pp. 11 - 26.

速下降1%。即使纳入更多解释变量，如制度、价格波动等，负相关性依然存在，[①] 这与之前的主流观点大相径庭。这种自然资源丰富反而导致经济发展缓慢，甚至恶化的现象被称为“资源诅咒”。杜巴斯·克罗恩伯格（Tobias Kronenberg）研究了20个转型国家从1989年到1999年的初级产品出口份额与经济增长率之间的关系，发现这些转型国家存在显著的“资源诅咒”现象。[②] 他在后续的研究中进一步发现，石油、矿产等所谓集中型资源丰富的国家，更容易遭受“资源诅咒”；而农业耕地等所谓分散型资源丰富的国家，“资源诅咒”表现得并不明显。

与“资源诅咒”密切相关的一个概念是“荷兰病”（The Dutch Disease），是指一国经济的某一初级产品部门异常繁荣，导致其他部门衰落的现象。20世纪50年代，荷兰发现了丰富的石油和天然气资源，油气产业迅速繁荣；但油气产业占用了大量发展资源，严重打击了农业和其他工业部门，削弱了荷兰出口产品的国际竞争力；到80年代初期，荷兰出现了通胀上升、出口下降、失业率增加的现象，经济发展遭遇困

---

① Jeffrey D. Sachs and Andrew M. Warner, *Natural Resource Abundance and Economic Growth*, Boston: Harvard University, November 1997.

② Tobias Kronenberg, "The Curse of Natural Resources in the Transition Economies", *Economics of Transition*, Vol. 12, No. 3, 2014, pp. 399 - 426.

境。“荷兰病”是较早发现的“资源诅咒”的传导机制，也是最典型的传导机制。麦金农（McKinnon）[①]、格雷戈里（Gregory）[②] 等从不同的案例中研究了“荷兰病”的传导机制，可以简单地描述为，资源产业繁荣吸引了大量资本和劳动力，生产投入要素价格上涨；收入效应的影响下，国内非贸易品的价格上涨，货币实际购买力下降，抬高了制造业成本；资源产品出口导致本币升值，产品竞争力下降，制造业的实际收益下降，出现萎缩，去工业化趋势显现。

本书认为，非洲地区的“资源诅咒”概念和传导机制与其他地区别无二致，但表现出来的危害和现象却有一定的区别。非洲地区的“资源诅咒”也表现出“荷兰病”、利益分配不公、经济发展缓慢或倒退等现象，同时带来了部族利益冲突、地方民族主义和分裂主义，国内或跨境的冲突，乃至战争，这种现象比世界其他地区表现得更为强烈。“资源诅咒”及其带来的制度性问题不仅是非洲经济发展滞后、社会矛盾丛生的原因，也是非洲地区和平与安全问题最重要的诱因之一。

---

① McKinnon, R. I., “International Transfers and Nontraded Commodities: The Adjustment Problem”, in Leipziger, D. M. (ed.), *The International Monetary System and the Developing Nations*, Washington, D. C.: Agency for International Development, 1976.

② Gregory, R. G., “Some implications of the growth of the mineral sector”, *Australian Journal of Agricultural Economics*, Vol. 20 (August), 1976, pp. 71 –91.

二　非洲地区的传统安全问题

进入 21 世纪，非洲地区和平与安全局势有所改观；内战、政变、边界冲突等传统安全问题和地区热点问题逐渐减少，但正如在 2016 年 10 月 17—18 日中国社会科学杂志社主办的“中国建设性参与非洲和平与安全”国际会议上，南非人文科学理事会首席研究专家格雷戈里 · F. 休斯敦（Gregory F. Houston）所说的那样，“尽管冲突的频率和影响在不断地减少和下降，但仍然面临巨大的安全隐患和严峻的安全威胁”；恐怖主义、海盗、传染性疾病、气候变化等非传统安全问题逐渐凸显，成为影响非洲地区经济社会发展的障碍。非洲地区安全局势呈现传统安全与非传统安全并存的局面。而事实上，一些和平与安全问题很难分得清究竟是传统安全问题还是非传统安全问题，形成了“你中有我，我中有你”的特征。当然，非洲地区国家众多，每个国家面临的安全形势有着较大的不同。

与世界其他地区一样，非洲国家的传统安全问题多与西方国家殖民时期遗留的问题有关。殖民时期结束时，殖民者对非洲国家不合理的边界划分导致了该地区各国之间长期的边界纠纷，这也是民族冲突、部族矛盾产生的重要原因之一。进入21世纪，非洲地区的传统安全问题有所缓解，但仍然是社会发展的重大威胁，近年来非洲地区也爆发了多次严重的传统安全问题。

（一）马里危机

2012年爆发的马里危机受到了国际社会的广泛关注。1月17日，图阿雷格反政府武装“解放阿扎瓦德民族运动”起兵；3月，马里发生了21年来的首次军事政变，政变的直接导火索是军人对杜尔政府打击“解放阿扎瓦德民族运动”不力不满，军人阿马杜·萨诺戈宣布成立“民主复兴和国家重建全国委员会”接管政权，马里陷入了严重的危机；4月初，图阿雷格反政府武装借政变之机，迅速攻占了北方三大重镇基达尔、加奥和廷巴克图，之后占领了全国2/3以上的国土，并宣布“阿扎瓦德”国家独立，马里南北分裂。4月中旬，在国内外一致谴责下，政变军人被迫交权给国会议长。

马里北部反政府武装包括“阿扎瓦德民族解放阵线”，以及“西非圣战统一运动”“基地组织北非分支”“伊斯兰信仰守护者”等泛地区的宗教极端组织和恐怖势力。[①]“西非圣战统一运动”由“基地组织北非分支”分离而出，“伊斯兰信仰守护者”的创始人伊亚德·伽利则是图阿雷格反政府武装的原主要领导人之一。“解放阿扎瓦德民族运动”的主要目标是脱离马里，寻求独立；而宗教极端组织则希望在西部非洲地区实行“伊斯兰教法”的宗教极端主义统治。6月，图阿雷格反政府武装与宗教极端组织产生严重分歧，反政府武装独立建国的企图失败后，号召力大降，被宗教极端组织逐出了中心城市，宗教极端组织成为北方叛军的主力，继续对抗政府军。2013 年 1 月初，北方叛军逼近首都巴马科。10 日，马里过渡总统特拉奥雷紧急致函联合国和法国，请求援助。法国总统奥朗德在 11 日宣布出兵马里，法军进入马里后，迅速控制住了局面，并开始推动各方进行和谈。6 月，马里过渡政府与图阿雷格反政府武装达成和平协议；8 月，马里举行了总统大选。2015 年 6 月，马里新政府与图阿雷格反政府武装正式签署和平与和解协议，马里危

① “Why France is Taking on Mali Extremists”, NBC News, January 14, 2013, http://worldnews.nbcnews.com/_ news/2013/01/14/16506741-why-france-is-taking-on-mali-extremists? lite.

机暂时告一段落。但马里北方地区的安全局势仍然严峻，恐怖主义组织虽然受到法军的重创，但残留势力仍在，并持续策划和实施恐怖袭击；部分恐怖主义分子流入周边国家，成为地区安全的隐患。

马里危机是传统安全与非传统安全问题交织的典型。一方面，马里危机包含了传统的部族矛盾、宗教冲突、分裂主义、外部势力的直接军事干涉等。马里班巴拉、马林凯等黑人主体民族生活在马里的东部和南部地区，自然条件相对较好；北部地区气候条件恶劣，干旱少雨，经济发展十分落后，生活着图阿雷格族等少数民族。马里政府对北部地区的扶持力度很小，在地区利益分配上也不公平；图阿雷格族从20世纪90年代就一直在开展斗争，争取独立。此次危机中，“解放阿扎瓦德民族运动”也是以争取高度自治和经济利益等目标得到了多数图阿雷格人的支持，但实际直接参战的骨干都是利比亚战争后回国的图阿雷格人。另一方面，恐怖主义在此次马里危机中扮演了重要角色，宗教极端组织控制了马里北部地区，将恐怖主义与分裂主义、地方叛乱等结合起来；在马里内乱平定之后，恐怖组织仍然盘踞在北部地区，伺机作乱。法国出兵马里的一个重要原因和目的也是清除恐怖主义势力，以避免其与其他恐怖组织联系并逐渐坐大。

（二）“尼解运”再度活跃

尼日利亚尼日尔河三角洲反政府武装的再度活跃也是近年来非洲地区最显著的传统安全问题之一。尼日尔河三角洲解放运动（简称“尼解运”）沉寂多年后，再度活跃，支持尼日利亚东南部地区少数部族走上街头，开展大规模游行抗议，打出了要求建立“比夫拉国”的旗号，并伴有暴力行为，造成多人伤亡。

“尼解运”成立于2005年，该组织的建立根源于尼日利亚严重的部族矛盾及石油经济带来的“资源诅咒”。尼日尔河三角洲地区石油资源丰富，石油储量占全国总储量的95%以上，石油外汇是尼日利亚外汇收入的主要来源，油气行业所缴纳的税费也是该国财政收入的最大组成部分。尼日尔河三角洲地区为尼日利亚经济做出了巨大的贡献，但油气行业带来的巨额收益的分配却并不公平，绝大部分收益被联邦政府收走，反馈给当地的收益较少，而仅有的反馈也被很多腐败官员中饱私囊，民众直接获得的收益反馈就更为有限了。同时，油气行业的开发带来了严重的环境和生态破坏，尼日尔河三角洲的水质、土壤受到严重污染，这些灾难性的后果却全部由当地居民承担，政府所给予的转移支付也非常有限。这种不公现象引起了当地少数部族对联邦政权的强烈不满，他们认为这是大部族利用国家权力盘剥中小部族。为争取更高的石油开发收益分成，改善生活水平，修复当地环境，代表当地少数民族利益的“尼解运”应运而生。2009 年，“尼解运”曾接受联邦政府的特赦，一度归于沉寂，国内外开始忽略了“尼解运”的威胁。

纵观独立以来的历史，尼日利亚素有北方人执政南方乱，南方人执政北方乱的特点。随着 2015 年尼日利亚大选的尘埃落定，来自北方的穆斯林布哈里执政，引发了东南部少数民族对未来的担忧，尼日尔河三角洲隐藏数年的“部族问题”、“地区自治问题”、石油利益分配问题再生波澜。“尼解运”重新活跃，并开始采取暴力手段表达诉求。2016 年 4 月，“尼解运”多次破坏尼日利亚输油管道，造成国家电网系统数次瘫痪；9 月，袭击了壳牌尼邦尼原油出口码头，造成大火，码头输油管道被迫关闭；10 月，炸毁了雪佛龙公司的输油管道。尼日利亚联邦政府对外坚称，“尼解运”问题只是一种经济现象，可以通过经济层面和政府治理层面的努力来妥善解决，但实际上，“尼解运”问题是尼日利亚长期存在的部族矛盾和部族主义、“资源诅咒”和制度路径依赖综合叠加的结果。“尼解运”提出的高度自治，甚至建国的要求，在短期内很难得到妥善的解决，这一问题将在很长一段时间内困扰尼日利亚，成为尼日利亚，乃至整个非洲地区最大的传统安全隐患之一。

（三）冈比亚选举危机

2016年年底，冈比亚爆发了选举危机。12月1日，冈比亚举行全国大选，反对党联盟总统候选人阿达马·巴罗获得了45.54%的选票，谋求继任的时任总统叶海亚·贾梅宣布承认选举失败。6日，冈比亚选举委员会最终公布计票结果，巴罗、贾梅和另一名候选人的最终得票率分别为43.2%、39.6%和17.1%。与首次计票相比，巴罗获胜的优势明显缩小，且本次统计出的投票率更低。9日，贾梅宣布拒绝接受选举结果，认为在投票环节存在严重的问题和错误，且明显受到外部力量的影响；贾梅同时向最高法院起诉，要求废除选举结果，择期重新举行独立、公正的选举。贾梅态度的转变令世人哗然。贾梅在初次计票之后承认选举结果，可能和缺乏军方的强力支持有关；而后态度的剧烈转变，也可能与重新获得了军方的支持有关。

对于冈比亚选举危机，主要的相关国际组织迅速做出了反应。12月10日，联合国安理会谴责贾梅，呼吁其立即无条件地移交权力；12日，联合国安理会举行闭门会议，讨论冈比亚危机问题；13 日，西共体多个成员国领导人前往冈比亚，试图说服贾梅接受选举结果，但遭到贾梅的拒绝。在此期间，贾梅也采取了一系列措施，试图做最后一搏。2017 年 1 月 4 日，贾梅争取到冈比亚军方领导人的支持，同时扩充军队 200 余人。9 日，贾梅将多名呼吁他下台的政府部长和驻外大使解职。13 日，非盟宣布以本月 19 日为最后期限，到期不再承认贾梅的冈比亚总统职位，敦促贾梅迅速和平移交权力；西共体也决议，将在最后期限后出兵冈比亚，实施直接军事干涉。作为应对，17 日，贾梅宣布全国进入为期 90 天的紧急状态。18 日，贾梅控制的冈比亚国民议会宣布贾梅的总统任期延长 3 个月；同日，塞内加尔、尼日利亚和加纳宣布已经完成出兵冈比亚的准备，局势空前紧张。19 日，巴罗在塞内加尔宣誓就任冈比亚总统；同日，塞内加尔、尼日利亚、加纳、多哥、马里等国的部队集结进入冈比亚，但军队并未持续推进，而是等待西共体的最后斡旋努力。20 日，毛里塔尼亚总统阿齐兹、几内亚总统孔戴和西共体代表团抵达冈比亚进行最后的斡旋，此次斡旋取得了积极的成果，贾梅决定放弃总统权力。21 日凌晨，贾梅公开宣布放弃总统权力并离开冈比亚，这标志冈比亚政治危机的和平解决。但故事到此并未结束。据称，贾梅离开冈比亚时带走了超过 1100 万美元，将国库完全掏空，并携带了大量的豪车、奢侈品出境，[①] 而冈比亚则面临严重的财政危机。贾梅离开后，联合国、非盟和西共体联合声明，贾梅可随时自由返回冈比亚，且合法财产不会被政府没收，但新任总统巴罗则否认这份声明的法律效力，表示将成立调查小组，专门调查针对贾梅的指控。冈比亚选举危机是非洲国家频繁出现的选举危机的一个典型案例，也是一个缩影。从西方国家嫁接而来的民主政治体制与非洲国家传统文化的冲突，领导人长期执政带来的民主异化等，都是选举危机产生的原因，这些诱发因素在很长的一段时间内，仍然将存在于多数非洲国家，也就是说，很多国家仍然随时有可能陷入这种类似的政治危机当中。冈比亚危机后，新任总统巴罗请求西共体军队继续驻扎，为其提供安全保障，该国的政局稳定仍有待时日。

（四）其他问题

2010 年 11 月，科特迪瓦爆发的选举危机是非洲国家频发的选举危机的另一个案例。科特迪瓦北部和西部地区部族支持的反对派候选人瓦塔拉以 54.1% 的得

---

① 《英媒：携千万美元流亡　冈比亚前总统“掏空”国库》，环球网，http://world.huanqiu.com/exclusive/2017-01/10007960.html。

票率在总统选举中获胜，但瓦塔拉和时任总统巴博互相指责对方舞弊。2011 年 3 月，非盟在亚的斯亚贝巴大会上确认了瓦塔拉竞选获胜，要求巴博移交权力，遭到巴博的拒绝；随后，非盟、欧盟及联合国对科特迪瓦实施了制裁。12 月 4 日，巴博和瓦塔拉各自宣誓就任总统，科特迪瓦陷入政治僵局，双方的支持者爆发冲突，并逐渐升级为武装对抗，进而爆发内战。瓦塔拉的军队迅速攻占了全国 80% 的领土，但巴博倚仗坚固工事，据守总统府，战争陷入僵局。法国派遣部署在科特迪瓦的“独角兽”部队进行直接军事干预，迅速击溃了巴博军队。4 月 11 日，巴博被逮捕，科特迪瓦危机告一段落。

近年来，发生选举危机的非洲国家还有加蓬。2016 年 8 月 27 日，加蓬举行总统大选，总统阿里·邦戈和反对派候选人让·平各自宣布获胜，同时指责对方作弊；31 日大选结果公布后，邦戈以 0.6% 的微弱优势战胜让·平；让·平的支持者认为邦戈舞弊，走上街头抗议，引发了暴力冲突，多人伤亡。

除上述事件外，近年来非洲地区的多个国家还发生了军事政变。2008 年 12 月，几内亚前总统兰萨纳·孔戴因病去世，军方组织“国家民主与发展委员会”（CNDD）发动了政变。2008 年 8 月，毛里塔尼亚参谋部负责人阿卜杜勒－阿齐兹以“挽救国家的民主进程”为由，发动军事政变。2014 年，布基纳法索总统布莱斯·孔波雷试图通过更改宪法延长任期；军队宣布解散政府和国会，接管政权。孔波雷自 1987 年发动军事政变推翻前总统政权上台，被反对派人士称为“万年总统”，最后又被政变者推下历史舞台。2015 年 12 月，尼日尔当局称逮捕了 9 名涉嫌策划政变的军人，但反对党认为这是当局分化军队、在困难阶段转移民众视线的惯用伎俩，是“假政变”。

三　非洲地区的非传统安全问题

（一）恐怖主义问题

2011 年爆发的“阿拉伯之春”及之后的北非国家动荡，给了恐怖主义组织繁殖和散布的土壤；利比亚战争之后，非洲地区的恐怖主义活动更加猖獗。恐怖主义是全球性问题，并非非洲独有，[①] 但非洲已经发展成为世界上恐怖主义最活跃的地区之一，这也是不争的事实。在 2016 年 10 月 17—18 日中国社会科学杂志社主办的“中国建设性参与非洲和平与安全”国际会议上，纳米比亚非洲社会研究泛非研究所主任贝安齐·福斯特·贝安齐（Bankie Forster Bankie）即指出，“在 20 世纪 90 年代，恐怖袭击在非洲还只是偶发事件，且局限于局部地区；但 25 年后，非洲的和平与安

① 课题组赴利比里亚调研，与非洲经济与社会研究发展理事会（CODESRIA）学者座谈时，非方学者特别强调这一点。

全状况出现了巨大的变化，内部冲突正在被恐怖主义所取代”。津巴布韦开放大学和平领导与冲突解决系高级讲师弗雷德里克·查拉库巴·萨德巴（Frederick Charakupa Sadomba）指出，“当前非洲恐怖主义和极端主义势力跨国联系，形成了多种形式的跨国恐怖主义，对整个非洲都形成了非常大的威胁”。非洲地区形成了“基地组织北非分支”、索马里“青年党”和尼日利亚“博科圣地”三足鼎立之势。三大恐怖主义组织分别活跃在北部非洲、东部非洲和西部非洲地区，而三者之间又互相渗透，四处传播，从而形成了从东部非洲索马里，到北部非洲马格里布地区，经萨赫勒地区，至西部非洲尼日利亚的恐怖主义“不稳定之弧”。

“博科圣地”的雏形形成于20世纪90年代中期。“博科圣地”（BokoHaram）一词是由豪萨语boko与阿拉伯语haram组成。豪萨语boko对应着英文book，阿拉伯语haram是禁止的意思，“BokoHaram”原意是反对西方的教育方式和教育内容，最初也是以宗教研习小组的形态出现的。随着目标和实力的变化，其反对的内容从西方教育扩大为反对西方文化。尼日利亚伊斯兰传教士穆罕默德·优素福（Mohammed Yusuf）接管该组织后，该组织的性质发生了变化，逐步转变为恐怖主义组织。2002年，穆罕默德·优素福在尼日利亚东北部博诺州首府迈杜古里市宣布“博科圣地”的目标是在博诺州建立纯正的伊斯兰哈里发国。2003年，“博科圣地”进攻博诺州政府，但彼时“博科圣地”实力较弱，迅速被政府军击败。首战受挫后，“博科圣地”开始集中扩充实力，以反对西方教育、反对腐败和警察暴力、争取平等权益和经济利益为口号，吸引了大批青年的追随，尤其是吸引了很多地方大学和技术学校的学生，这批追随者逐渐成长为“博科圣地”的骨干力量。从 2003 年到 2009 年，虽然“博科圣地”时有暴力行为，但总体上看，实施暴力袭击的烈度较低，次数较少，造成的影响也相对有限。2009 年 7 月，博诺州政府突袭了“博科圣地”在包奇州的据点，击毙了“博科圣地”700 多名成员，穆罕默德·优素福被处决，“博科圣地”陷入低谷。但在继任领导人阿布巴卡·谢卡乌（Abubakar Shekau）的带领下，2010 年“博科圣地”开始高调活动，相继实施了多次大规模的恐怖袭击。9 月，“博科圣地”突袭了迈杜古里联邦监狱，释放了 850 名囚犯；2010 年圣诞节前，在高原州首府乔斯城针对基督教社区制造了系列爆炸，造成 80 人死亡。进入 2011 年，“博科圣地”的恐怖袭击范围逐步扩展到国际组织，6 月，使用自杀式汽车炸弹袭击了阿布贾警察总部；8 月，再次使用自杀式汽车炸弹袭击了阿布贾联合国机构大楼，造成 23 人死亡。2012 年 1 月 20 日，对卡诺州首府警察局发动了系列自杀式炸弹袭击，造成185人死亡；22日，在包奇州炸毁了两座基督教教堂和一所警局。2013年4月，在巴加市袭击了安全部队，造成187人死亡；“博科圣地”更是将屠刀对准了无辜平民，引发了国际社会的哗然和愤慨。9月17日和19日，“博科圣地”先后在迈杜古里拦截车辆并枪杀乘客近160人；29日，闯入一所大学宿舍，枪杀50名熟睡中的大学生。2014年，“博科圣地”势力发展接近顶峰，“由一个隐藏民间、进行游击战的小型恐怖组织发展成为能够正面对抗政府正规军的武装，占领了尼日利亚东北部大片地区”。[①] 4月13日，“博科圣地”在尼日利亚东北部地区发动袭击，造成68名平民死亡；14日，在一所寄宿学校绑架近300名女学生。2015年年初，一周内在北部地区烧毁了16个城镇和村庄，造成2000余人死亡。[②]

近年来，“博科圣地”的恐怖活动展现出了几个突出的特点。其一，“博科圣地”的武器装备水平不断提高，暴恐手段和水平明显增强，这与“博科圣地”

---

① Jideofor Adibe, “Re-evaluating the Boko Haram conflict”, http://www.brookings.edu/blogs/africa-in-focus/posts/2016/02/29-reevaluating-boko-haram-conflict-adibe.

② 《“博科圣地”恐怖袭击非洲，屠杀尼日利亚北部2000人》，环球网，2015年1月12日，http://world.huanqiu.com/hot/2015-01/5387428。

得到过“基地组织”的资金、技术和人员培训等方面的支持有关。其二，恐怖袭击的范围不断扩大，由最初的尼日利亚东北部的传统势力范围，逐渐扩展至西部、南部和中部地区，进而发展为跨国恐怖主义活动，在喀麦隆、尼日尔等国都出现了“博科圣地”的踪迹。一些截至目前尚未遭受“博科圣地”恐袭的国家，也处于其恐怖阴影威胁下，如赤道几内亚、塞内加尔等。笔者在赤道几内亚国立大学调研时，该校社会政治系佩德罗·马斯（Pedro Masie）教授认为，“博科圣地”随时都有可能从喀麦隆渗透到赤道几内亚，因此赤道几内亚政府必须加强安防，时刻保持警惕。其三，恐怖袭击无底线，后期恐怖活动以国际组织、无辜平民为主要袭击目标，以扩大政治、社会影响为主要目的，引起了全球公愤。其四，“博科圣地”的组织结构和指挥体系混乱，该组织由30人组成的舒拉委员会领导，领导成员主要通过电话联络，这种领导方式导致信息传导不畅，领导群体相互间的信任度较低，经常爆出内讧的消息或传闻。其五，“博科圣地”的核心成员为尼日利亚少数民族卡努里人，其与后来陆续加入的尼日利亚北部其他部族成员间存在着长期的部族矛盾，相互之间缺乏信任，这也是组织内讧频发的重要原因之一。其六，“博科圣地”在发展的过程中不时产生裂变，分离出新的恐怖主义组织，如

2012年1月分裂出了“安萨鲁”组织。

2015年年初，“博科圣地”宣布效忠于“伊斯兰国”，极大地增强了“伊斯兰国”在非洲地区的力量，“博科圣地”开始成为国际恐怖主义网络扩散中重要的一环，这引发了尼日利亚及其他多个非洲国家，乃至非洲以外的国际社会的严重不安。2015年2月，尼日利亚与尼日尔、乍得、喀麦隆、贝宁等国共同组建了一支8700人的多国部队，围剿“博科圣地”。5月，尼日利亚新总统布哈里上台，采取了更加严厉的措施打击“博科圣地”。在实力强大的政府军的追剿下，“博科圣地”节节败退，至2016年年初，已经失去了绝大部分土地，实力大幅削弱，开始由阵地战转为游击战。但打击“博科圣地”的战斗还没有取得最后的胜利，“博科圣地”仍在不时地制造恐怖袭击，彻底消灭“博科圣地”将是一个艰苦的、波折的、漫长的过程。为此，2016年5月，第二届西部非洲地区安全峰会继续商讨共同打击“博科圣地”的下一步行动。

“基地组织北非分支”的前身是成立于1998年的“萨拉菲宣教与战斗组织”，早期活动范围限于阿尔及利亚，主要目标是建立沙里亚法统治。2006年该组织并入“基地组织”，2007年1月变更为现名，成为“基地组织”全球恐怖网络的重要组成部分，并开始在更广泛的地区实施恐怖袭击，且组织目标也升级为建立跨地区的“大伊斯兰国家”。由于领导人之间的理念差异，及成员之间存在的长期的部族矛盾，“基地组织北非分支”内部的权力斗争也非常激烈，内讧的传闻不断，组织也经历了多次的分分合合，一度严重削弱了实力。2011 年 9 月，该组织分离出了“西非圣战和统一运动”组织；2012 年 12 月，分离出了“血誓者”组织；2013 年 8 月，“西非圣战和统一运动”和“血誓者”又合并组建了“穆拉比特”组织。

近年来，“基地组织北非分支”持续在阿尔及利亚、突尼斯、马里和毛里塔尼亚等非洲国家发动恐怖袭击。2012 年，该组织联合马里“解放阿扎瓦德民族运动”反政府武装攻占了马里北部地区，其后，又联合其他小股极端主义组织将“解放阿扎瓦德民族运动”驱逐出大城市，随后进攻马里首都。2013 年年初，法国出兵马里，击毙恐怖分子 400 多人，捣毁了“基地组织北非分支”的马里据点。受到重创的“基地组织北非分支”成员逃入山中，但并没有停止恐怖袭击。他们先后针对法国在非洲人员及马里、布基纳法索和科特迪瓦等法国盟友实施了一系列报复袭击。2013 年 3 月，“基地组织北非分支”杀害了法国人菲利普·韦尔东；4 月，对法国驻利比亚大使馆外围实施汽车炸弹袭击；11 月，在马里北部绑架并杀害了法国国际广播电台两名记者。2014 年 2 月，在马里北部绑架了4名国际红十字会人员；4月，杀害一名法国人质。进入2015年，“基地组织北非分支”的恐怖袭击更为频繁，3月11日，袭击了马里中部城市塞瓦雷一处军事检查点，17日，在尼日尔杀害3名宪兵；2015年年底实施的几次恐怖袭击更是震惊了国际社会，11月20日，袭击了马里首都丽笙酒店，造成27人死亡，包括3名中国人。此案发生后，“基地组织北非分支”领导人德罗克代尔宣布与“穆拉比特”组织重新合并，完成内部重组，实力有所提升。“基地组织北非分支”又于2016年1月15日和16日袭击了布基纳法索首都瓦加杜古的辉煌酒店和一家咖啡厅，造成28人死亡；3月13日，袭击了科特迪瓦大巴萨姆海滨度假区，造成18人死亡。实际上，2016年1月，法国情报部门已警示科特迪瓦政府，其境内的海滩度假村有可能遭遇恐怖袭击，但科特迪瓦政府未予以足够重视，安全防护措施不到位，袭击者竟然手持枪械大摇大摆地从邻近海滩走入度假区实施袭击。①

马里内战结束后的“基地组织北非分支”暴恐袭击展现了几个明显的特点。首先，具有强烈的反西方特征，袭击对象主要是西方人，尤其是法国人。其次，袭击目标由过去的军事设施等“硬目标”转变为“软

① 此处描述来自课题组赴科特迪瓦调研时，对华人华侨代表的访谈。

目标”，如酒店、咖啡厅等人群聚集的地方；一方面“软目标”的安防力量薄弱，另一方面，可以尽可能多地增加伤亡人数，制造国际影响。最后，很多次恐怖袭击都采取了多点同步袭击方式，单一案例的袭击烈度较小，但多点开花，可以加剧人们的心理恐惧，制造更大的社会影响。

“基地组织北非分支”等恐怖组织在发展过程中非常重视争取所在地区的民众支持，比如在马里北部地区盘踞时，为社区贫困民众提供基本医疗、交通等社会服务，争取民心。这类举措，得到了一些民众的欢迎。[①]“基地组织北非分支”还与黑社会组织沆瀣一气，在马里、尼日利亚、毛里塔尼亚等国，与毒贩关系密切，互通有无，毒贩缴纳的保护费成为其日常运作和进行恐怖活动的资金来源之一。这些新的特点和特征都值得密切关注，是研究这些恐怖组织未来走向的重要依据。

（二）几内亚湾海盗

由于海盗袭击对海上商业活动的严重威胁，近年来国际社会开展了联合打击海盗行动，传统的海盗重

① 此处描述来自课题组赴科特迪瓦调研时，对华人华侨代表的访谈。

灾区索马里、亚丁湾和红海的海盗威胁逐渐减轻，少有新发案件，但几内亚湾海域的海盗案件呈明显增长趋势。

几内亚湾西起利比里亚的帕尔马斯角，东至加蓬的洛佩斯角，是非洲最大的海湾，国际航运地位十分重要，沿岸国家有利比里亚、科特迪瓦、加纳、多哥、贝宁、尼日利亚、喀麦隆、赤道几内亚、加蓬、圣多美和普林西比。几内亚湾海盗兴起于20世纪90年代后期；笔者在赤道几内亚国立大学调研时，社会政治系佩德罗·马斯（Pedro Masie）教授介绍说，“90年代末，海盗曾两次在马拉博海域作案，其中一次袭击了赤道几内亚本土”。但总体上看，直到21世纪初，几内亚湾海盗的作案频率仍然较低，多数都是趁夜幕的掩护，盗窃沿岸船舶和近海油气田的财物，较少与人冲突，在国际社会也少有人知。2003年以后，几内亚湾海盗逐渐活跃起来。2003—2008年，几内亚湾海盗针对渔船发动袭击、抢劫的案件达293起，[①] 并开始抢劫货船。进入21世纪的第二个十年，几内亚湾海盗更加猖獗，根据国际海事局提供的数据，2010年几内亚湾及其邻近的西部非洲地区共发生了45起海盗袭击

① 冯荣松：《西非几内亚湾海盗现况分析及防范措施》，《中国海事》2014年第12期，第30—34页。

事件；[1] 2011 年上升至65 起，2012 年大幅增加至150 起；[2] 2014—2016 年，每年都超过40 起。[3]

几内亚湾海盗主要来自尼日利亚尼日尔河三角洲地区，由于经济发展滞后，社会分配不公，一些长期经济困难的群体开始铤而走险，开展各类跨国犯罪活动，海盗只是跨国犯罪中的一种形式，其他形式还包括石油盗抢、石油走私、毒品交易、武器贩卖、移民偷渡和袭击石油设施等活动，对地区和平稳定与经济发展构成了严重威胁。[4] 传统上，几内亚湾海盗主要出没在尼日利亚海域，但近年来随着尼日利亚政府对海盗打击力度的加大，海盗开始在更广阔的海域作案，从已经发生的案例来看，从北部的几内亚沿海到南部的加蓬沿海都有海盗的踪迹。当然，每个国家受到的海盗威胁程度不一，这也导致不同的国家对海盗威胁的认识不同。多哥、尼日利亚、赤道几内亚、科特迪瓦和加纳等国官员和学者认为本国受到了海盗的严重

① Australian Association for Maritime Affairs, *Piracy attacks in East and West Africa dominate world report*, Australian Maritime Digest 2012, Singapore: Fugro Satellite Positioning Pty Ltd., 2012.

② "Piracy falls in 2012, but seas off East and West Africa remain dangerous, says IMB", Jan. 16, 2013, http://maritime-connector.com/news/security-and-piracy/piracy-falls-in-2012-but-seas-off-east-and-west-africa-remain-dangerous-says-imb, Jan. 10, 2017.

③ 课题组在科特迪瓦调研时，科特迪瓦国防部官员提供的数据。

④ "Piracy in the Gulf of Guinea: A clear and present danger", 经济学人网站, http://www.economist.com/node/13496711。

威胁；而利比里亚、塞拉利昂、塞内加尔等国则认为，尽管存在潜在威胁，但威胁程度较低。在利比里亚调研时，利比里亚国防部主管海岸警卫队的部长助理大卫·达恩（David Dahn）表示，“几内亚海盗在利比里亚影响不大，实际上只是当地沿海居民的一种谋生手段，只是抢一点钱财，并非集团犯罪”；利比里亚大学科菲安南冲突转型研究所所长 T. 德比·桑蒂（T. Debey Sayndee）表示，“利比里亚受到的海盗威胁很小，因为利比里亚海域没有油气勘探和油气开发，也没有开放捕鱼。这是美国和欧洲为利比里亚制定的政策，短期内利比里亚也不会开放海域，因为这需要美国的事先同意，因此海盗的威胁不会忽然增大”。

近年来，几内亚湾海盗活动的目的和方式也出现了一些新的变化。原来几内亚湾海盗一般是劫船后，将船上的财物洗劫一空，然后就释放船舶及船员，较少扣留船只；即使扣留了船只，一般时间也都很短，或在黑市进行销售，或在公海丢弃。如 2010 年 12 月 25 日，意大利油轮“威莱·迪·科尔多瓦号”（Vallle Di Cordoba）在贝宁附近海域遭遇海盗袭击，海盗转运了船上价值 500 万美元的汽油后即离开。[①] 2012 年 4

① Martin Murphy, “The Most Lucrative Piracy in the World: Tanker and Crew Taken off Togo”, Sept. 1, 2012, http: //www. murphyonpiracy. com/category/gulf-of-guinea-piracy, Dec. 12, 2016.

月28日，新加坡油轮“BW莱茵河号”（BW RHINE）在多哥海域遭遇海盗，海盗抢走了价值不菲的成品油后离开。[①] 但最近几年，海盗开始更多地劫持船只，并出现了以船舶和船员为筹码，索要赎金的倾向。几内亚湾海盗较少伤人，但为确保行动后的迅速撤离，也偶有暴力伤人事件。2012年2月14日，中国台湾“天维”号散货船在尼日利亚外海遭遇海盗，福建籍船长和台湾籍轮机长因有反抗行为而被杀害。此外，近几年几内亚湾海盗还开始勾结其他犯罪集团，甚至沿岸国家的反政府武装和极端主义组织，参与毒品走私、移民偷渡、武器贩运和袭击石油设施等活动。[②]

西非几内亚湾渔场是中国重要的渔业作业区，大量中国渔船活跃于该地区，中国渔船成为几内亚湾海盗重点劫持目标，近年来已有多起中国渔船被劫持的案例。比如，2015年12月26日，科特迪瓦聚源渔业有限公司在科特迪瓦注册的船号为AN1467的渔船在加纳海域作业时失联，该船有中国籍船员6人，科特迪瓦籍船员9人。最后联系时间是12月26日上午10时。船上装有卫星电话，但始终无人接听。该公司派出一艘渔船，同时协调另一家中资渔业公司的两艘渔

① 交通运输部海事局：《防范海盗信息简报》2012年第18期。

② “Piracy in the Gulf of Guinea: A clear and present danger”, http://www.economist.com/node/13496711.

船共同赴事发海域附近搜寻，未果。公司向中国驻科特迪瓦商务参赞处报告此事，商务参赞处随即采取应急措施，要求科特迪瓦海军出动船只赴事发海域附近搜寻，同时向科国防部、外交部通报有关情况，请其提供紧急协助。考虑到该渔船在科特迪瓦和加纳边境海域作业，有可能进入加纳境内，又第一时间与加纳使馆经商处取得联系，请其提供相应协助。科特迪瓦海军派出一艘舰艇赴相关海域搜寻，并同加纳海军和警方保持沟通。12 月 29 日上午，失联渔船抵达贝宁科托努港。该渔船系在科特迪瓦海域作业时遭海盗劫持，海盗计划将渔船劫至尼日利亚，但行至贝宁附近时燃料耗尽，海盗将船上财物洗劫后弃船；船员利用船上隐藏的少量油料将渔船驶至最近的科托努港求救。除一名中国籍船员受轻伤外，其他船员未受到伤害。

几内亚湾沿岸国家经济发展滞后，除尼日利亚外，其他国家海军力量均非常薄弱，巡逻设施缺乏，执法能力低下，因此更多地谋求以集体机制应对海盗威胁，国际社会也给予了积极的支持。早在 2006 年，安哥拉、加蓬、刚果（布）、刚果（金）、赤道几内亚、圣多美和普林西比、喀麦隆和尼日利亚 8 个国家即成立了几内亚湾委员会，集体协调几内亚湾相关事务。2011 年和 2012 年，西共体将“几内亚湾反海盗的区际合作与协调”写入《综合海洋政策》。2013 年 6 月召开了几内亚湾海上安全峰会，西共体15个成员国与中非国家经济共同体10个成员国参加，规模空前，集中讨论联合打击海盗、贩毒及其他海上犯罪活动，讨论制定共同的海事战略、加强海事安全与安保能力建设。2014年1月，非盟大会特别强调加强几内亚湾反海盗行动中的国际合作。3月，加纳海军邀请几内亚湾地区各国的工业、军事和执法专家参加国际质量与生产力中心沿海和海上监视非洲大会，主要讨论几内亚湾和非洲大西洋海岸面临的安全威胁。6月，中非国家经济共同体、西共体和几内亚湾委员会签署了关于成立“几内亚湾海上安全跨地区协调中心”的基础文件；在喀麦隆筹建了跨区域协调中心，在刚果（布）黑角和科特迪瓦阿比让分别筹建中部非洲和西部非洲海事区域协调中心。2015年4月，欧盟发起了“重要海运航线”项目协商委员会专家研讨会，讨论合作应对海盗问题。2016年10月10日，非盟召开了关于海事安全、防卫与发展的特别峰会，会议以海洋为专题，一方面探讨非洲海洋经济的发展，另一方面则致力于推动非洲国家有效打击海盗和海上非法交易。10月13日，欧盟和丹麦发起的几内亚湾海事安全区域网项目启动，两者分别出资750万欧元和180万欧元，支持几内亚湾网络建设和各国国内机构与区域海事安全协调平台的信息共享。欧盟携手非洲共同打击海上犯罪，计划采用整体联动方式，即将海上及陆地安全、治理和发展事务联系起来综合治理。

虽然几内亚湾国家和国际社会建立了多种集体机制应对几内亚湾海盗，但总体来看，合作进展非常缓慢。主要原因有三点：一是几内亚湾沿岸海上军事与执法力量薄弱，比如科特迪瓦海军打击海盗仅依靠两艘法军援助的巡逻艇。能力建设需要大量的资金投入，而这些机制普遍缺乏足够的资金支持，因此很多机制设计都沦为纸上谈兵。笔者在科特迪瓦调研时，科特迪瓦国防部官员明确指出“缺乏资金是科特迪瓦西非海事区域协调中心建设缓慢的重要原因，也是几内亚湾海盗治理面临的最大瓶颈”；而且，各国执法力量协调配合能力弱，让本就孱弱的反海盗能力雪上加霜。二是各国之间利益存在较大差异，有的国家受海盗的威胁更大，有的稍小，在很多问题上很难达成一致，尤其是一些关键决议上。即使在机制建设上取得了一致的意见，在具体行动中也很难协调实施。三是这些机制的治理对象是几内亚湾海盗，但几内亚湾海盗的根源是陆上问题，不实施陆海联动，综合性地解决陆上问题和海上问题，最终也只能是“头痛医头、脚痛医脚”。

（三）传染性疾病

由于受贫困、自然环境和文化习俗等因素的影响，疾病防控在非洲大陆依然进展缓慢。非洲地区位于赤道附近，气候炎热、潮湿，适合病毒繁衍生存，一直是传染病的多发地带；当地居民与自然界、动物接触密切，很多食物也是从自然界直接获取，提高了传染病传播的可能性；非洲国家经济发展滞后，政局复杂多变，部族、宗教矛盾突出，疾病防控能力弱；这些都是该地区传染性疾病防控不利的原因。非洲地区的传染性疾病种类很多，诸如肠道传染病、呼吸道传染病、虫媒传染病、性传播疾病、寄生虫传染病、病毒性出血热等[①]都很严重，最常见的是艾滋病、疟疾、拉沙热、结核、伤寒、霍乱等，各种疾病在不同季节、不同地区轮番暴发，比如 2015 年尼日利亚因疟疾死亡 19.23 万人，因腹泻病死亡 14.37 万人，因艾滋病死亡 13.19 万人。2016 年 11 月，尼日利亚索克托州再次暴发了大规模疟疾疫情；塞内加尔、利比里亚等多个国家也暴发了不同程度的疟疾疫情。传染性疾病的肆虐不仅威胁着当地人的生命和财产安全，更重要的是，

① 尹忠伟等：《赴马里维和部队面临的传染病威胁及对策》，《解放军预防医学杂志》2016 年第 1 期。

由于疾病的干扰，部分非洲国家的正常经济社会活动无法顺利开展，迟滞了经济社会发展，形成了“贫困—疾病—贫困”的恶性循环。2013 年暴发于西部非洲地区的埃博拉出血热（Ebola Hemorrhagic Fever，EHF）引起了国际范围的恐慌。埃博拉病毒主要通过血液、唾液、汗液等体液传播，病毒传播快，潜伏期短。埃博拉出血热的致死率高达 50% 以上，是迄今发现的人类社会致死率最高的病毒之一。埃博拉病毒被列为生物性危害最高的第 4 级病毒，高于艾滋病和非典型性肺炎（SARS）的防护等级，也被视为是生物恐怖主义的工具之一。[①] 埃博拉病毒首次暴发于 1976 年的刚果（金）（原扎伊尔），在 2013 年的疫情暴发之前，记录在案的疫情暴发共有 23 次，主要是在非洲的乌干达、刚果（金）、加蓬、苏丹、科特迪瓦、利比里亚、塞拉利昂等国。[②] 2013 年的埃博拉疫情首先发现于几内亚，之后迅速传播到利比里亚和塞拉利昂；随后，逐渐蔓延至尼日利亚、马里等其他西部非洲国家；在西班牙、德国、美国、英国、印度等国也发现了输入性病例。在非洲各国的努力下，在国际社会的救助下，2016 年 1

① 付辉、刘小利：《西非埃博拉疫情蔓延原因浅析》，《中华灾害救援医学》2014 年第 9 期。

② S. Baize，D. Pannetier，L. Oestereich，et al.，“Emergence of Zaire Ebola virus disease in Guinea”，*The New England Journal of Medicine*，Vol. 371，No. 15，2014，pp. 1418 – 1425.

月 14 日，世界卫生组织宣布利比里亚埃博拉疫情结束。从疫情暴发到结束，共造成 11310 多人死亡，[①] 确诊和可能感染病例超过了 2.85 万例，[②] 超过了之前 23 次疫情的总和。然而 3 月 17 日，利比里亚再次出现埃博拉病例，直至 6 月 9 日，复燃疫情结束。这说明埃博拉病毒虽然暂时得到了控制，但一旦有适合的条件，仍有复发的危险。

此次西部非洲地区埃博拉疫情之严重超过以往历次，这是复杂的内外因共同作用的结果。

几内亚湾国家内部的原因主要有以下几个。其一，几内亚、利比里亚和塞拉利昂三国间的边境线长，且几乎不执行严格的出入境管理制度。三国民众习惯于跨境流动，流动非常频繁，导致疫情在三国之间得以迅速传播；同时，由于现代社会人口流动范围广、速度快，埃博拉病毒借助现代化的交通工具迅速从三国传播至非洲其他国家，并且越洋传播到了遥远的印度和美洲大陆。其二，暴发疫情的 3 个国家的政府治理能力弱，在疫情暴发初期没有给予足够的重视；待意识到疫情严重性的时候，又缺乏处置经验，指挥混乱、应对无序，方式简单粗暴；政府透明度低，信息公开

① 徐军强：《西非埃博拉病毒病疫情的反思与启示》，《公共卫生与预防医学》2015 年第 1 期。

② 张淼：《西非战胜埃博拉，中国发挥重要角色》，《疾病监测》2016 年第 1 期。

不充分，导致谣言四起，民众的恐慌心理影响了疫情防控措施的落实。其三，暴发疫情的 3 个国家医疗资源短缺，医疗机构少，医护人员缺乏，塞拉利昂具有进行诊断和集中收治能力的医疗机构只有两个；食品、药品、防护服、隔离帐篷等设施不足，医务人员在疫情暴发初期的感染率很高，塞拉利昂很多医护人员感染病毒离世，其中医生就有近 200 人；这种情况导致很多医生护士离职，当地民众也拒绝前往医院治疗。[①] 其四，暴发疫情的 3 个国家的部族传统丧葬风俗是土葬，死者亲属要对死者进行清洗；亲属和朋友要对死者施亲吻、牵手等告别仪式，这些密切接触给了埃博拉病毒绝佳的传染途径和时机，往往参加一个埃博拉病毒致死者葬礼的多数人都会染上埃博拉病毒，致使感染者出现几何级数增长。现在普遍认为的首发病例即为这种传播途径的典型案例，首发案例是几内亚盖凯杜省的一名 2 岁幼儿，12 月 2 日开始发病，陪护幼儿的亲属先后染病；之后，盖凯杜省医院的护士、参加该幼儿及其家属葬礼的亲属朋友相继染病。由于这种传统的丧葬习俗根深蒂固，当地民众对于医疗人员正常的防控隔离措施不能理解，出现了冲击治疗点抢夺患者、殴打医疗人员的行为。

① 关于塞拉利昂疫情情况，来自在塞拉利昂调研时对中国人民解放军驻塞拉利昂军事医学小组的访谈。

来自国际社会方面的外部原因主要有如下几个。其一，国际社会对此次疫情盲目乐观，预判失误。根据以往经验，埃博拉病毒的潜伏期短、死亡率高、病毒扩散快，世界卫生组织接到几内亚上报疫情时未给予足够重视，延误了控制疫情的最佳时机，难辞其咎。其二，在对疫情的援助方面，部分西方国家的援助口惠而实不至。2014 年 10 月 16 日，联合国人道主义事务协调办公室表示，世界各国援助西部非洲疫情国家认捐 3.7 亿美元，但结果令人失望，截至 10 月 16 日仅有哥伦比亚的 10 万美元到账。[①] 其三，部分西方国家在暴发疫情的 3 个国家的医疗工作行为失当。比如英国在塞拉利昂有驻军，疫情暴发后，英国人实施了紧急撤离，待中国、古巴医疗队进入疫区，局势稳定后方才重返塞拉利昂；英国派入的医护人员对其救助的病患样本严格控制，拒绝与他国共享，甚至叫价每个样本 100 美元出售；美国、日本和部分欧洲国家提供给塞拉利昂的医疗设备都是二手，甚至三手的，性能较差，[②] 这都不利于疫情防控的国际合作。其四，由于热带疾病的患者普遍消费能力有限，热带疾病相关药物利润率低，多数国际医药企业长期忽视热带病研

① 《联合国：各国抗埃博拉认捐 3.7 亿美元仅到账 10 万》，中国青年网，http：//news.youth.cn/jsxw/201410/t20141018_ 5859389.htm。

② 上述资料来自对中国人民解放军驻塞拉利昂军事医学小组的访谈。

究，疫苗和治疗药物的缺乏，也是此次疫情迟迟无法控制的重要原因。产生这一结果的原因并非现代医药技术能力的不达标，而是缺乏经济效益的驱动。此次疫情暴发后，世界各大医药公司开始投入相关研发，迅速生产出了相关药物，如美国马普公司生产的ZMapp，治愈了两名感染病毒的美国医疗工作者；中国生产的MIL77治愈了一名感染病毒的英国女兵；日本富士化学工业公司研制的Favipiravir在2015年1月通过国际认证，成为首个埃博拉治疗药物等。

在此次埃博拉疫情中，应对最为得力的当属尼日利亚，疫情传入该国后迅速得到有效控制，没有形成大规模的传播。鉴于尼日利亚在西部非洲地区的重要作用以及对埃博拉病毒防控的得力，2016年3月，非盟考虑将西非地区疾控中心设在尼日利亚，承担地区疾控工作。

（四）气候变化

非洲大陆整体上处于前工业化或工业化初期阶段，温室气体排放总量和人均量较少，但非洲却是受气候变化造成的恶劣影响较大的地区。2010年，联合国发布的《非洲的弱点和改进》报告指出，气候变暖给非洲带来的灾害超过世界其他地区。非洲大陆气温上升速度快于全球平均水平，全球变暖对非洲的影响是毁灭性的。①

气候变化给非洲带来的危害种类很多。首当其冲的是影响降雨量，导致粮食减产。非洲各地区的降雨量分布极不均衡，大片地区属干旱、半干旱气候区，气候变化减少了撒哈拉以南非洲的降雨量，增加了干旱频率，使平均气温升高，并威胁清洁水源的获取。气候变化导致的降雨减少，加剧了非洲结构性缺水的困境。非洲地区可耕地的65%面临沙漠化的威胁，农业生产受到严重影响。而农业生产总值占很多非洲国家生产总值的30%以上，是国民经济的命脉产业，直接关系着国家的政局和社会的稳定。此外，由于非洲国家的电力主要来源是水电，缺水也进一步加剧了该地区电力的缺失。气候变化会导致海平面的升高，随着时间的推移，可能会大范围摧毁几内亚湾脆弱的海岸线，多个几内亚湾沿岸国家的海岸带安全将面临严重的威胁，尤其是那些地势低、人口密集的三角洲地带，甚至有可能形成严重的灾难。几内亚湾国家基础设施薄弱，防灾抗灾能力低下，更加剧了危险性。气候变化也导致非洲地区的海洋生物多样性受到威胁，包括西非几内亚湾渔场的鱼类减产、种类减少，以及

① “Africa Suffers Most From Lack of Progress In Climate Change Negotiation”, Us Fed News, November 17, 2010.

珊瑚白化等，陆地上的动植物种类和数量也有减少的迹象。为应对气候变化带来的不利影响，非洲国家不得不挤占了原本应用于社会经济发展的资源，这对于正在谋求发展的非洲国家来讲，是一个重大的负担。

（五）其他问题

非洲地区自然环境破坏严重，修复不利也是部分安全事件的诱因。如尼日利亚反政府武装“尼解运”的一个诉求就是修复和保护尼日尔河三角洲的自然生态环境。环境的破坏既有非洲国家本身环境保护不利的因素，也有外部因素，如跨国公司经营活动造成的环境破坏，其中也包括部分中国企业和商人对当地环境的破坏，比如某石油企业对尼日尔环境的破坏，非法入境的中国人在加纳非法采金造成当地环境不可修复的破坏等。

此外，非洲地区的非传统安全还表现在日益猖獗的跨国犯罪上面，主要是毒品交易、军火交易、贩卖人口、海上非法贸易、非法捕鱼等。

非洲地区毒品交易猖獗，每年有数百吨可卡因流入，使该地区成为重要的国际贩毒中转地，马里、尼日利亚、毛里塔尼亚等国尤其严重，且这些毒贩与当地恐怖主义组织勾结，形成紧密的关系网，互通有无。

非洲地区的军火交易活动也很猖獗，北部非洲动乱和利比亚内战之后，大量轻武器流入西部非洲地区，形成了军火交易地下市场，正如赞比亚穆隆古希大学社会科学院教授迈克尔·恩琼加·穆里塔（Michael Njunga Mulikita）在2016年10月17—18日中国社会科学杂志社主办的“中国建设性参与非洲和平与安全”国际会议上所言，“非洲很多国家政府治理能力低下，无法控制武器的扩散，武器在非洲大陆的扩散，给非洲安全带来了极大的隐患”。

非法捕鱼和海上渔业非法贸易也是非洲地区面临的非传统安全问题，几内亚湾地区是世界上非法捕鱼最猖獗的地区。西非渔场是全球著名大渔场，由于沿岸国家海军和渔政设备缺乏、管理混乱，执法能力薄弱，当地的非法捕鱼屡禁不止，其中中国渔船进行的非法捕鱼和公海渔业非法贸易为数不少。

四 外部势力对非洲和平与安全事务的干涉

非洲的集体安全机制主要由以下几个层次组成，第一层次是联合国框架下的集体安全机制，第二层次是非盟框架下的集体安全机制，第三层次是西共体框架下的集体安全机制。一些学者认为，非洲地区集体安全机制发挥作用的关键在于建立与发展一个以次区域组织为核心、以非盟为依靠、以联合国为支撑的多层安全机制。[①] 必须通过某种集体合作与对话的方式，通过借助国家间、政府间、区域间、国际的组织所形成的集体安全机制与力量，并与当事国政府与各种相关力量、民间力量形成相向而行的良性互动结构，一国之冲突或地区之冲突，才有可能真正得到控制、解

① 周辑、张永义：《非洲维和机制探析》，《当代世界与社会主义》2005 年第 4 期。

决和维护。[①] 但在历史发展过程中，非洲地区的和平与安全事务一直受到外部势力的直接和间接干涉。近年来外部势力对非洲地区和平与安全事务的干涉呈现明显的军事化特点，引起了国际社会的广泛关注。干涉非洲地区和平与安全事务的主体主要包括国际组织和西方国家；国际组织主要包括联合国、欧盟、非盟和西共体；西方国家主要包括法国、美国、英国等，此外，部分非洲地区大国也对其他非洲国家的和平与安全事务实施了直接干涉。

（一）国际组织的干涉

1. 联合国的干涉

联合国在成立伊始即以集体安全为目标，以维护世界和平与安全为宗旨。在实践中，联合国也承担了多数国际社会战争和冲突的调解和斡旋工作。冷战后，随着全球一体化的推进，国际政治经济格局发生了巨大的转变，安全概念也随之发生了明显的变化。过去的安全主要指狭义的军事安全，冷战之后则扩大为综合安全概念，包含了军事、经济、能源、环境、粮食安全等一系列内容。安全问题的综合化带来了安全问

① 刘鸿武、杨惠：《非洲一体化历史进程的百年审视及其理论辨析》，《西亚非洲》2015 年第 12 期。

题的国际化，世界各国之间在和平与安全领域的互动性和依赖性增强。为适应这种变化，联合国参与的和平与安全事务的范围开始扩大，性质也出现了变化。联合国的维和行动逐步转向以介入国内冲突为主；维和部队也更频繁地以人道主义为由，在安理会的授权下使用武力进行干涉。

联合国对非洲地区和平与安全事务的干涉主要采取了三种方式。第一种是支持非洲区域和次区域组织在非洲地区开展和平与安全事务的相关行动。《联合国宪章》第33条第1款明确认可了区域性国际组织在区域内维和的责任；第8章规定了区域组织在获得联合国授权后，可在和平与安全事务处理中使用武力，紧急情况下可以在获得授权之前，根据区域内的安排采取行动。在近年来的非洲地区和平与安全事务中，联合国支持非盟、西共体等次区域组织在非洲地区采取积极的措施实施干涉。第二种是授权大国对非洲地区和平与安全事务进行干涉；近年来，法国对非洲地区国家的干涉都获得了联合国的授权。第三种是开展维和与战后恢复重建行动。比如在马里，2013年7月，根据联合国2100号决议成立了联合国马里稳定团（下简称“联马团”），共有11200名军事人员、1440名警察，及部分文职人员；总部设在首都巴马科；下辖西、东、北部三个战区，司令部分别位于通布图、加奥和基达尔；中国在“联马团”部署了警卫、工兵和医疗三支分队 395 人，均在东战区的加奥市；“联马团”在马里开展了监督停火、保护平民，监督总统大选，促进和平协议的签署等诸多行动。

联合国在非洲地区的和平与安全事务中发挥了积极的作用，但联合国本身存在的局限性也一再暴露；比如易被西方大国操纵的问题。在法国出兵干涉马里之前，就已经联合了美国和英国，共同游说联合国，获得了干涉马里的授权；且在获得授权后，往往会采取一些超出授权范围的行动。再如，受制于职责的限定，联合国在非洲地区的部分战后维和行动举步维艰；在马里，根据安理会的授权，“联马团”没有正面围剿恐怖分子的权限。马里 2015 年签署的和平协议对“基地组织北非分支”等恐怖组织没有约束力，这些组织受到法军打击后，实施报复，联合国维和部队成为主要的报复对象；7 月 2 日，“联马团”西战区布基纳法索部队遭“基地组织北非分支”伏击，5 人死亡；11 月 28 日，北战区的基达尔营地遭武装分子迫击炮袭击，3 人死亡。2016 年 5 月 31 日，加奥营地和一处联合国设施遭遇恐怖袭击，2 人死亡，15 人受伤，其中中国维和部队 1 人牺牲，5 人受伤。截至 2016 年 6 月，已有约 70 名联合国维和人员丧生马里。

2. 欧盟的干涉

欧盟在全球和平与安全事务中扮演着重要的角色。21 世纪，欧盟的国际和平与安全政策理念源于2003 年制定的《欧洲安全战略》，该战略提出，安全问题涉及军事、政治、经济、社会、环境等多个领域；来自全球、区域间、区域、国家、次国家等多个层次；实现安全需要通过军事和非军事的多重途径及国家和非国家的多元主体。基于这种综合性的安全概念，欧盟确定了参与国际冲突治理的主要方式为“预防性介入”（preventive engagement）和“有效多边主义”（effective multilateral-ism），这也成为欧盟对非洲地区和平与安全事务干涉的理念基础。

欧盟对非洲地区和平与安全事务的干涉，主要依据以下文件构成的政策框架，包括 2004 年制定的《非洲暴力冲突的预防、管理与解决的共同立场》《支持非洲和平与安全的 ESDP 行动计划》；2005 年的《欧盟与非洲：走向战略伙伴关系》；2007 年的《非洲—欧盟联合战略》；2005 年 5 月和 2010 年 3 月两次修改的《科托努协定》，该政策框架强调欧盟与非洲之间的发展合作，也强调安全事务在发展合作中的重要性，以及开展对非洲冲突的管理。

在实践上，欧盟对非洲地区和平与安全事务的干涉展现了三个主要特点。首先是采用军事与非军事行动相结合的危机管理综合方法，[①] 干涉手段包括联合裁军、人道主义救援、军事建议与援助、冲突预防、维和、在危机管理中作战部队肩负的任务和安全部门改革等任务。[②] 在非军事行动上，欧盟关注民事危机的管理，支持和帮助非洲国家改良和优化安全管理部门；在非洲地区，欧盟于2008年派出了27名军事和民事顾问，与几内亚比绍军队、法警和警察机构合作，推动几内亚比绍实施了“几内亚比绍安全部门改革行动”。[③] 其次是采用多样化的干涉手段，包括政治、军事、贸易、金融、援助等，其中2003年从欧洲发展基金中拨款2.5亿欧元设立的非洲和平基金较有特色，为非盟在非洲地区的和平与安全事务管理提供了外部财政支持。最后是在干涉中强调与联合国、非盟、次区域组织和地区国家开展多边行动，强调干涉行动应由冲突国家主动请求，欧盟在《支持非洲和平与安全

① Isabel F. Nunes, “Civilian, Normative, and Ethnical Power Europe: Role Claims and EU Discourses”, *European Foreign Affairs Review*, Vol. 16, No. 1, 2011, p. 13.

② 《欧盟联盟基础条约：经〈里斯本条约〉修订》，程卫东、李靖堃译，社会科学文献出版社2010年版，第50—51页。

③ Giovanni Grevi, et al., *European Security and Defense Policy: The First* 10 *Years* (*1999 - 2009*), Paris: European Union Institute for Security Studies, 2009, pp. 244 - 245, 369 - 372, http://www.iss.europa.eu/uploads/media/ESDP_ 10 - web.pdf.

的 ESDP 行动计划》中提出："ESDP 行动应该是对来自联合国、非盟、非洲的次区域组织或非洲国家特定的请求所做出的反应。"①

3. 非洲区域组织的干涉

非盟是非洲地区维持和平与安全的核心力量。《非洲联盟宪章》系统地阐述了非盟在和平与安全领域的政策与目标，遵循主权平等、互不干预、和平解决纠纷等基本原则，强调当成员国出现严重事态时，非盟有权进行强制干预的原则。② 非盟的集体安全机制主要由非盟和平与安全理事会、非洲常备维和部队、非洲法院组成。非盟在非洲地区的和平与安全事务中发挥了重要的作用，一方面是发挥主导作用，对发生冲突的国家进行调节和斡旋，如在马里军事政变发生后，非盟中止了马里成员国资格，强烈谴责政变军人，要求迅速恢复宪法秩序，2011 年积极斡旋科特迪瓦国内冲突；另一方面是配合联合国、西共体或其他联合国授权大国开展行动。2015 年 2 月，非盟峰会通过了非

---

① Malte Brosig, "The Emerging Peace and Security Regime in Africa: The Role of the EU", *European Foreign Affairs Review*, Vol. 16, No. 1, 2011, p. 111.

② Kwesi Aning, "The African Union's Peace and Security Architecture: Defining an Emerge in Response Mechanism", *The Nordic African Institute: Lecture Series on African Security*, 2008: 3, p. 3, http: //www. diva-portal. org/smash/get/diva2: 610688/fulltext01. pdf.

洲“2063年愿景”及第一个十年发展计划；在和平与安全事务方面，非盟授权成立一支7500人的多国部队，打击“博科圣地”；提出2020年要结束非洲所有的战争与冲突；2063年，非洲要有能力保持和平与繁荣。

西共体成立于1975年5月，西部非洲15个国家共同签署了《拉各斯条约》，旨在建立关税同盟和共同市场，促进西部非洲地区的区域经济一体化。西共体成立后，西部非洲地区和平与安全问题日益突出，严重威胁着成员国的安全，阻碍了经济发展和地区经济一体化；西共体开始逐渐认识到维护和平与安全，是西部非洲地区实现经济一体化和区域一体化的先决条件，从而开始注重西部非洲地区的冲突管理问题。1978年，西共体成员国签订了《互不侵犯协议》，1981年签订了《防御互助协议》，自此西共体有了干预和治理地区冲突的法理依据。根据《防御互助协议》，尼日利亚、加纳、冈比亚、马里和多哥五国组成了“常设调解委员会”，并可视需要成立“停火监督团”（ECOWAS Ceasefire and Monitoring Group），“停火监督团”在日后西部非洲和平与安全事务中起到了巨大的作用。“常设调解委员会”在1990年塞拉利昂的冲突协调中第一次建立了“停火监督团”。同年9月，利比里亚“独立爱阵”在“停火监督团”的总部劫持并杀害了总统多伊；受此事件的冲击，西共体召开了特别峰会，将“停火监督团”的职能由“维和”（peace keeping）升级为“强制和平”（peace enforcement）。1993 年，西共体出台了《科托努协议》，规定要建立安全相关机制，特别是建立和平与安全的监督机制及常备维和部队，以便西共体能够及时、有效地预防和解决国家间或国家内部的冲突。1999 年，西共体签订了《关于冲突预防、管理、解决，维和与安全的协议》，据此，西共体获得了执行安全行动的权利，“西共体”成为非洲大陆首个综合、多维的维护区域和平与安全的机构。其中第十条明文规定，西共体协调与安全委员会在次区域范围内代表本组织在和平与安全事务上享有决定权，该委员会对和平与安全的相关事务享有决定权；对所有的干涉行动进行授权，特别在政治和军事任务团的部署上享有决定权，[①] 该委员会成为西共体维和的权力机构。第二十五条规定，西共体启动安全机制的情况包括可能引起大规模人道灾难的威胁、对于人权和法律造成严重和大规模侵犯等情境。在西部非洲地区的冲突管理行动中，西共体执行冲突管理的目标是：促进人的解放运动和经济、社会发展与安全之间的联系；促进政府的民主化进程；

---

① 参见西非经济共同体网站，http：//www. com. ecowas. int//sec/index. php？ id = ap101299&lang = en。

维护人权。西共体先后参与了西部非洲地区多次和平与安全事务的解决，包括利比里亚第二次内战、1997年塞拉利昂内战、1998年几内亚比绍叛乱、2002年科特迪瓦内战及2010年马里内战，最近的一次是干涉2016年年底爆发的冈比亚选举危机，在危机中，西共体先后数次派员进行斡旋，并派出军队进入冈比亚，实施威慑，在最后期限内斡旋成功，避免了军事冲突。西共体多措并举，助力冈比亚选举危机的和平解决，可以说是一次成功的干涉。多次干涉经验也让西共体成为非洲地区维和经验最丰富的次区域组织。在这些冲突中，西共体与联合国、非盟及联合国授权的其他大国密切配合，实施调节斡旋，并直接出兵实施军事干涉，发挥了联合国、欧盟等非洲域外的国际组织无法完全替代的作用，取得了积极效果。西共体也成为国际社会维护和平与安全方面经验最为丰富的次区域组织之一。但西共体的行动也受到了一些质疑。比如在利比里亚第二次内战中，西共体未提前申请联合国批准即使用武力，其合法性遭到质疑；在20世纪90年代末对塞拉利昂、几内亚比绍的干涉行动都有扩大干涉强度的质疑。面对合法性的质疑，在其后的安全事务干涉中，西共体非常注重合法性的寻求，比如在2013年的马里危机中，西共体先是积极寻求马里政府对其邀请，其后才与法国一道对马里开展军事干涉行动。再比如西共体“与一个战争派别进行的事实上联盟，停火监督团偏袒冲突中的一方，丧失了公正性”。[①] 又比如西共体的行动能力受到资金、设备缺乏的制约，其维和行动过多地倚仗联合国或联合国授权大国，缺乏独立性和自主性，影响了其行动的公正性。此外，西共体应对传统安全问题经验丰富，但应对非传统安全问题时显得束手无策，也受到诟病。

非洲地区的其他几个地区组织也在非洲地区和平与安全事务中发挥了一定的作用。比如 2014 年 2 月，为合力打击日益严峻的恐怖主义势力，马里、毛里塔尼亚、布基纳法索、尼日尔和乍得成立了萨赫勒五国集团（SAHEL G5），旨在强化地区安全与反恐合作。该组织得到了联合国和法国的支持，法国为其运作提供了大笔资金。截至目前，该组织主要是在地区反恐能力建设方面发挥作用。马诺河联盟（Mano River Union）成立于 1974 年，共有利比里亚、塞拉利昂、几内亚和科特迪瓦 4 个成员国。该组织在地区安全事务中也发挥了特定的作用，比如 2014 年 8 月举行特别会议，商讨联合行动，应对和遏制埃博拉疫情蔓延。此外，几内亚湾委员会、几内亚湾海上安全跨地区协调

① Herbert Howe, “Lessons of Liberia: ECOMOG and Regional Peacekeeping”, *International Security*, Vol. 21, No. 3, Winter 1996 - 1997, pp. 145 - 176.

中心等组织和机构在应对几内亚湾海盗方面也开展了一些工作。

（二）西方大国的干涉

1. 干涉理论的变化

21 世纪前十年，西方大国在非洲地区和平与安全事务中并没有实施直接的军事干涉；而进入第二个十年，先后对科特迪瓦、马里、尼日尔及中非等其他地区非洲国家实施了直接军事干涉，这一变化建立在西方国家干涉国际和平与安全事务的理论演变的基础上。

21 世纪之前，西方国家对国际和平与安全事务的军事干涉理论基础是“新干涉主义”。“新干涉主义”概念和理念来源于 1993 年斯蒂芬·斯特曼（Stephen Stedman）在《外交》（*Foreign Affairs*）杂志上发表的《新干涉主义者》（The New Interventionists）及 1999 年迈克尔·格伦农（Michael Glennon）在《外交》（*Foreign Affairs*）杂志上发表的《新干涉主义》（The New Interventionism：The Search for a Just International Law）。但 1999 年，西方国家在科索沃地区实施的“新干涉主义”遭到了国际社会的广泛谴责。这也推动了西方国家干涉理念的升级。2001 年，加拿大的“干预与国家主权国际委员会”提出了“保护的责任”（responsibil-

ity to protect）这一新概念。其基本含义是，主权国家有责任保护本国公民免遭可以避免的灾难，但当无力保护的时候，则必须由国际社会来承担这一责任。其最大的特征是强调责任而非权利，包括预防、反应和重建的责任；明确只有发生灭绝种族、战争罪、族裔清洗和危害人类行为的时候，才可以采取军事干预。这一概念迅速被联合国和西方大国接受，取代了“新干涉主义”，成为新的干涉理论基础。部分发展中国家也接受这一概念，非盟是首个接受和支持“保护的责任”理念的区域国际组织，为西方国家在非洲地区实施直接军事干涉提供了合法性。2011 年，北约多国部队实施对利比亚的军事打击是“保护的责任”的首次实践。

2. 法国的干涉

非洲是法国海外利益最集中、经营时间最长、传统影响最深的地区。非洲的资源和市场对法国经济发展意义重大；非洲的和平与安全直接关系到法国的国防建设和安全；深入参与非洲事务，也有助于法国维持国际大国形象和大国地位。因此，法国一直致力于维系非洲大陆的和平与安全，和平与安全事务干涉和军事合作一直在法国对非洲政策与对非洲合作中占据着十分重要的地位。

冷战结束后，法国对非洲政策进行了较大的调整，提出了“新非洲政策”，将传统的与法语非洲国家间的“政治军事托管关系”，转化为面向整个非洲大陆的“新型合作伙伴关系”。2008 年，法国对非洲的和平与安全政策做出了较大的调整，当年发布的《国防白皮书》指出，全球化时代，法国面临的威胁具有内外联动性和形式多样性特征，因此法国将通过信息与预测、预防、威慑、保护和干预来保证法国的安全。

近年来，法国对非洲地区和平与安全事务的干涉或合作主要采取了以下几种方式。

一是与非洲国家签署军事协定。事实上，法国与几乎所有非洲前法属殖民地国家都签署了“军事技术援助合作协定”，还与多个国家签署了“防务条约”，包括喀麦隆、科特迪瓦、加蓬、塞内加尔等国。协定或条约规定，法国有责任帮助这些国家培训军队，如每年为科特迪瓦培训超千名军人；为这些国家提供部分军用装备，如为科特迪瓦海军提供两艘巡逻艇用于打击海盗。而这些国家则需优先从法国购买武器，优先向法国出口军工原料和战略物资；签有“防务条约”的国家有向法国提供军事基地的义务。

二是在非洲地区设立军事基地。2007 年以前，法国在非洲设有七处永久性军事基地和三处临时性军事基地，分布在吉布提、塞内加尔、加蓬和科特迪瓦。

2008年，法国开始强调军事基地的集中性和机动性，将非洲永久性军事基地减少为两个，分别在吉布提和加蓬，另外在塞内加尔、科特迪瓦、乍得、中非等国保留了临时军事基地。

三是直接实施军事干涉。近年来，法国对马里、科特迪瓦等国实施了直接军事干涉。2012年，马里危机爆发。1月17日，图阿雷格反政府武装“解放阿扎瓦德民族运动”起兵，并迅速攻占了北方地区。6月，占据北方地区的“解放阿扎瓦德民族运动”与极端宗教组织、恐怖势力分裂，双方开始争夺北部地区的控制权。此时，法国已开始游说美国、德国等西方国家，争取国际社会对其在马里实施武力干涉提供支持，美国同意向马里派出无人机为法国提供情报协助。10月12日，联合国通过了法国提出的决议草案，批准建立一支由非洲国家领导的3300人的国际部队协助马里政府军与叛军作战。12月20日，法国又推动联合国安理会通过了第2085号决议，授权法国在马里实施为期一年的“非洲国际支援任务”。之后，法国开始进行直接军事干涉。2013年1月11日，法国发动了代号“薮猫”（Operation Serval）的行动。12日开始，对敌方发动了连续4天的空袭，并投入地面部队，实施地空联合作战；法国还调集了驻扎在塞内加尔、乍得和中非的部队，多路攻击马里北部。26日即攻克了敌方大本营加奥。31日攻占基达尔，收复了马里北部的大部分地区。之后法国开始逐步撤军，只保留了少量军队维持安全局势。此次法国对马里的直接军事干涉，得到了美国、英国、德国、比利时等国的支持，这些国家并未直接派兵，主要提供后勤和情报支援。

法国在科特迪瓦有着重大政治经济利益，一直控制着该国的政治经济命脉。2002年，科特迪瓦爆发叛乱，法国支持叛军与巴博政府和谈，于2003年3月签署了《利纳—马库锡协定》，科特迪瓦形成了南北割据的局面。巴博政府对法国支持叛军的行为非常不满，两国关系受到影响。2004年11月，法国在科特迪瓦的空军基地受到攻击，法军与科空军发生摩擦，引发当地民众的不满，爆发了大规模抗议，法国对抗议者使用了武力；巴博政府借此要求法军撤出科特迪瓦，两国关系恶化。2010年8月，巴博拒绝出席法非首脑会议，并在非盟中宣传抵制法国。法国采取了多项外交和经济措施，反制巴博政府，如推动欧盟拒绝为巴博和其支持者发放签证，冻结与巴博有关的企业在欧洲的资产。12月，西非中央银行停止向巴博政府提供资金，部分法国企业撤出科特迪瓦。2010年科特迪瓦总统大选中，谋求继任的巴博和反对党候选人瓦塔拉互相指责对方舞弊，分别宣布自己获胜，两派支持者之间爆发了暴力冲突，并演化为内战。联合国安理会于2011年3月30日通过了第1975号决议，决定对巴博及其支持者实施金融和旅行制裁。法国开始增兵科特迪瓦，“独角兽”部队兵力达到1500人。4月4日，法军开始了直接的军事干涉，利用军用直升机等武器迅速摧毁了巴博驻守阿比让的兵营；法军和联合国驻科特迪瓦行动团又联手控制了阿比让国际机场；4月11日，巴博被逮捕，法国军事干涉行动告一段落。

尼日尔的铀矿对法国经济和安全意义重大。2013年5月，尼日尔的一座军营和一个法国经营的铀矿区遭汽车炸弹袭击，造成23人死亡，其中包括18名军人。法国特种部队应尼日尔总统的要求进入尼日尔，与尼军联合行动，稳定当地局势。

法国对非洲地区实施直接军事干涉有很强的战略考量。首先，非洲地区对法国国家利益具有重大意义，需要扶持对法国更为顺从的代理人。比如科特迪瓦总统瓦塔拉上台后给予法国更多的经济回报，法国公司享有诸多的优惠和特权，法国仍控制着科特迪瓦的经济命脉；瓦塔拉的妻子是法国人，在很大程度上代表着法国在科特迪瓦的商业利益；在2016年加蓬选举危机中，科特迪瓦总统的一位外交顾问与加蓬反对派总统候选人让·平有紧密联系，而法国支持阿里·邦戈，塔瓦拉旋即解雇了该外交顾问，可见科特迪瓦对法国的随从。[①] 其次，2008 年法国《国防白皮书》发布以后，法国越发强调本国安全的内外联动性和安全问题来源的多样性。近年来，非洲地区活跃的恐怖主义组织对法国在当地的利益及本国的安全威胁越来越大，大量西北非移民生活在法国，极可能将法国的外部安全问题内部化。因此，法国采取了见效最快的直接军事干涉。再次，法国有意借直接军事干涉推动与欧洲其他国家的国际和平与安全合作，进而推动欧盟共同安全防务进程。在对马里实施军事干涉行动前，法国游说多个欧洲国家支持其军事行动，包括英国、德国、比利时、丹麦等；英国政府派出皇家空军飞机运送外国部队和后勤装备，支援马里军队和法军；[②] 其他几个国家也给予了不同方式的支持，这就提升了法国在欧盟安全防务领域内的地位和发言权。在法国的推动下，欧盟理事会于 2012 年 12 月做出决议，加强对马里军队的培训，以应对国内的叛军。最后，采取直接军事干涉，符合法国国内政治家的政治利益，且可彰显和维持法国的国际大国地位和影响力。

3. 美国的干涉

冷战后，美国对非洲的战略进行了调整，克林顿

① 在科特迪瓦调研时，科特迪瓦孔子学院中国教师所述。

② "UK to Aid France in Mali Intervention", RT News, January 13, 2013, http://rt.com/news/britain-france-mali-intervention-878/.

政府开始将对非洲战略重心由政治转向经济；进入21世纪，美国对非洲政策开始呈现明显的由经济存在向经济强化与军事存在升级并重的趋势。有人认为，21世纪以来，美国对非洲援助的对象不再是为了减贫和经贸合作，更多的是援助反恐盟友，援助合作呈现明显的安全化特征。[①]

21世纪以来，为强化对非洲和平与安全事务的干涉，保护在非洲的多重利益，美国采取了一系列的军事行动。其一，组建和派遣军队，加强对非洲地区的军事威慑。2003年12月，美国欧洲司令部组建了阿兹台克的沉默联合特遣部队（The Joint Task Force Aztec Silence），在北部非洲和西部非洲执行反恐任务，主要负责区内监视和情报搜集，并与当地军队进行情报交流；[②] 2005年，美军成立了"跨撒哈拉反恐伙伴计划"（Trans-Saharan Counter Terrorism Partnership），将尼日利亚、塞内加尔等国纳入反恐范围。其二，加强与非洲地区国家的军事培训合作。2002年，美军推出了"非洲应急行动训练援助计划"（African Contingency

① Mark Malan, "U. S. Civil-Military Imbalance for Global Engagement: Lessons from the Operational Level in Africa", p. 9, http: //pdf. usaid. gov/pdf_ docs/PCAAB774. pdf.

② Daniel Volman, "China, India, Russia and the United States: The Scramble for African Oil and the Militarization of the Continent", p. 19, http: //101. 96. 8. 165/nai. diva-portal. org/smash/get/diva2: 272960/FULLTEXT01. pdf.

Operations Training and Assistance Program），扩展了“国际军事教育与培训项目”（International Military Education and Training）；2004 年 8 月，向包括尼日尔、加纳、尼日利亚和马里等6 个非洲国家投入了6500 万美元，推动建设安全部队。其三，加强在非洲地区的军事基地建设，美国公开承认的在非洲永久性军事基地仅有吉布提莱蒙尼尔（Camp Lemonier）一个，但美国与多个非洲国家签订了《合作安全据点基地使用协议》（Base Access Agreements for cooperative Security Locations），其中包括加蓬、加纳、马里、圣多美和普林西比、塞内加尔、塞拉立昂等国，建立了“睡莲叶”式的基地网络。[①] 美军拥有签约国军事基地的使用权，极大地提高了美军的机动能力和作战能力。其四，多次开展海军联合演习，强化在非洲海域的军事存在。美军的这一举措与几内亚湾国家关系最为密切；2003 年，美军欧洲司令部提出了“几内亚湾卫士倡议”，试图借此整合几内瓦湾地区国家的海军力量，构筑覆盖几内亚湾海域的海岸安全体系；2004 年6 月，美军

① Lauren Ploch, “Africa Command: U. S. Strategic Interests and the Role of the U. S. Military in Africa”, *Congressional Research Service Library of Congress*, Vol. 11, No. 9 – 16, 2010, p. 10; Daniel Volman, *China, India, Russia and United States: The Scramble for African Oil and the Militarization of the Continent*, Stockholm: Nordiska Afrikainstitutet, 2009, p. 21, http://101.96.8.165/nai.diva-portal.org/smash/get/diva2:272960/FULLTEXT01.pdf.

参加了在西非海域举行的“夏日脉动”联合军演；2007 年，北约舰队开展了环非洲军事航行，举行了包括几内亚湾“亮剑行动”在内的军事演习。

2007 年 2 月，美军非洲司令部成立，这是美国对非洲军事政策的重大转变；总部设在德国斯图加特；辖区为除埃及外的非洲大陆国家和周边岛屿；下辖“跨撒哈拉联合特种作战特遣部队”。美军非洲司令部建立以后，在非洲地区的军事行动更为频密。其一，大幅增加美国驻非洲使馆的武官处和安全合作署。2007 年，美国在非洲国家的安全合作署只有 9 个，2015 年增加到了 34 个；同时，向多个非洲国家派遣军事顾问。其二，开展多项联合军演、军事培训，主要是海军和空军的军演和培训。主要包括 2007 年的“跨撒哈拉地区反恐倡议”培训项目，参与国家包括毛里塔尼亚、马里、布基纳法索、尼日尔、尼日利亚和塞内加尔等；2011 年的“燧发枪”行动陆军空军演习，参与的国家有布基纳法索、马里、毛里塔尼亚、尼日尔、尼日利亚和塞内加尔等；2011 年的“奥邦姆快车”海军演习，参与的国家有贝宁、喀麦隆、科特迪瓦、赤道几内亚、加蓬、加纳、尼日利亚、圣多美和普林西比、多哥；2012 年的“撒哈拉快车”海军演习，参与的国家有塞内加尔、冈比亚、科特迪瓦、利比里亚、毛里塔尼亚、塞内加尔和塞拉利昂等；2012

年的“西方协议”海军演习，参与的国家有塞内加尔、布基纳法索、几内亚比绍和冈比亚等；2015年的“燧发枪”行动，参与的国家有尼日尔、尼日利亚、喀麦隆等；2015年的“奥邦姆快车”演习，参与的国家有贝宁、喀麦隆、科特迪瓦、赤道几内亚、加蓬、加纳、尼日利亚、圣多美和普林西比、多哥等。其三，推动建立无人机基地、安全合作站等反恐平台。2013年美国与尼日尔签订了驻军地位协议，在尼亚美部署了第768空军远征中队，这是美国在非洲的第4个无人机基地；美军与29个非洲国家签订了相关协议，获得了国际机场的使用权；美军建立了“非洲司令部水陆供应网络”后勤保障系统，将包括加纳特马、塞内加尔达喀尔等在内的多个后勤保障网点联系在一起。[①]其四，继续将海军合作作为对非洲军事合作的重点。一方面加强海上联合军演，另一方面于2007年10月提出了“非洲合作站”（Africa Partnership Station）海洋安全合作计划，计划建立“浮动学校”为非洲有关国家提供援助和培训。[②] 该计划最大的特点是应邀培

---

① Andrei Akulov, “Asia Pivot Declared, US Army Eyes Africa”, Nov. 19, 2013, http://www.strategic-culture.org/news/2013/11/19/asia-pivot-declared-us-army-eyes-africa.html, Jan. 10, 2017.

② Daniel Volman, *China, India, Russia and the United States: The Scramble for African Oil and the Militarization of the Continent*, Stockholm: Nordiska Afrikainstitutet, 2009, pp. 19 – 20, http://101.96.8.165/nai.diva-portal.org/smash/get/diva2:272960/FULLTEXT01.pdf.

训，是一种“由主办国发出邀请，按照主办国的需要和愿望进行”的训练模式；这一特点得到了很多非洲国家的认可，在该平台下，美国与塞内加尔、加纳、尼日利亚、喀麦隆、加蓬等国开展了海上合作。其五，在非洲开展军队疾控合作，如非洲司令部与国际开发署合作开展的“流行病应急项目”，为非洲国家军队建立疾病应急方案。其六，间接参与非洲地区的军事干涉行动，比如在马里和科特迪瓦内战中，美军与法国开展军事情报合作；在反恐方面，美国积极为涉事国提供情报。其七，注重美非之间的机制化合作。在2014年8月召开的首届美非峰会上，美国与肯尼亚、加纳、马里、尼日尔、尼日利亚和突尼斯六国签订了《安全治理倡议》（*Security Governance Initiate*），通过资金支持和培训项目的开展，帮助这些国家改善安全状况，首笔支持资金为6500万美元。

4. 英国的干涉

英国与非洲的历史渊源及非洲在英国对外关系和经济发展的地位和作用，决定了英非之间关系的密切和稳定。进入21世纪，随着全球安全局势的复杂化，国家联系的密切化，英国更加关注海外安全对本国安全的影响。2010年，英国发布的《国家安全战略》指出，英国的政治、经济和文化影响力远超国土面积，要维护国内利益，必须首先谋划海外影响力。

英国对非洲和平与安全事务的参与，广泛涉及政治、军事、社会发展等多方面。英国在非洲有军事存在，这是英非安全合作的保障，但与美法相比，英国在非洲的军事存在的规模较小，这与冷战后英国在非洲的战略收缩有关。英国在塞拉利昂设有“国际军事援助训练队”，规模较小。英国在非洲地区的军事合作主要是军事培训和军售，“国际军事援助训练队”即主要旨在培训当地军队。由于英国在非洲的军事存在相对较少，因此特别强调培训项目的广覆盖，培训项目的参与者遍及非洲大陆各个区域。如 2011 年英国举办的“和平支持后勤管理课程”中，受训学员来自多个非洲国家，包括贝宁、喀麦隆、马里、尼日利亚、塞内加尔、塞拉利昂等国。英国是对非洲军售规模最大的国家之一，向 30 多个非洲国家出口武器，尼日利亚是进口大户。

英国与非洲的和平与安全合作特别注重预防冲突。2001 年，英国成立了冲突预防基金（Conflict Prevention Pool），逐步发展形成了相对完善的运作系统。英国在非洲的预防冲突战略实行一国一策，比如在利比里亚，利用冲突基金实施了“地雷行动图穆图农业培训计划”，旨在培训参与战争的军人掌握生产技能，回归社会。而在东部非洲地区则侧重支持开展联合演习。

英国对非洲的干涉强调多边合作。首先是注重与联合国的合作，积极参与联合国维和行动，主要的方式是提供资金支持，比如2001—2004年通过非洲冲突预防基金为联合国在非洲的维和项目提供了2.11亿英镑的支持，多数用于在塞拉利昂的维和行动。[①] 英国直接参与联合国行动的人员有限，比如在联合国驻马里综合稳定特派团中，英国只派出了两人。另外，英国十分注意与美法两国的军事合作。2014年1月，英法签署了防务合作协议，一致同意共同应对北部非洲和西部非洲地区的安全问题，特别是在反恐、毒品和武器走私、维护地区稳定方面进行合作。

除上述主要国家外，德国、日本、俄罗斯、巴西、摩洛哥等国都与非洲地区国家开展了军事培训、军事援助等方面的合作；朝鲜与赤道几内亚也有军事培训合作，主要是军乐团的培训。

（三）非洲地区大国的干涉

部分非洲地区国家也参与到非洲地区的和平与安全事务中来。作为非洲地区的领头羊，南非对非洲地

① "African Conflict Prevention Pool, The UK Sub-Saharan Strategy for Conflict Prevention", 2004, http://www.eldis.org/go/home&id=22285&type=Document, May 2, 2014, http://www.eldis.org/go/home&id=22285&type=Document.

区的和平与安全事务的直接干涉较少，参与程度最深的是尼日利亚。尽管尼日利亚国内一直面临着非常严峻的安全局势，“博科圣地”、“尼解运”、几内亚湾海盗等问题轮番爆发，但仍然对参与他国和平与安全事务抱有极大的热情。尼日利亚对其他非洲国家的干涉行动主要是在西共体框架下开展，包括参与西共体在科特迪瓦、马里等国的干涉行动。同时，尼日利亚也积极寻求实施单边干涉的机会，比如 1997 年 6 月实施了对塞拉利昂内战的单边干涉，该举动引起部分西共体成员国的不满，担心尼日利亚借机扩展地区霸权；在马里，尼日利亚也越过西共体，直接与法国一道积极推动联合国授权干涉马里。

实力相对较强的国家对相对较弱的邻国，或与之有密切关系的相对较弱的国家和平与安全事务实施干涉，也是外部势力干涉非洲国家安全事务的一种方式，且并不罕见。比如在 2016 年年底爆发的冈比亚选举危机中，冈比亚的邻国塞内加尔为巴罗提供了巨大支持。西共体派出的进入冈比亚的军队由 5 个国家组成，包括塞内加尔、尼日利亚、加纳、多哥和马里，但事实上，绝大多数是塞内加尔军队。塞内加尔是冈比亚的唯一邻国，历史上就曾军事干涉冈比亚，也曾提出“合邦”的动议。此次危机中，塞内加尔意图借机实现与其支持的新总统在政治、军事和经济领域密切合作的愿望非常明显，未来，塞内加尔也将在冈比亚的政治、经济和社会发展中扮演重要的角色。

（四）外部势力干涉的特征和启示

1. 带来了消极的和平

法国直接军事干涉马里内战、科特迪瓦内战，在非洲地区进一步强化了外部势力直接军事干涉和平与安全事务的模式，这与当今世界和平与发展的主流趋势相悖，与全球正在协力构建更加公正、公平的全球治理体系的潮流不符。非洲地区的案例一再证明，外部势力的直接军事干涉给当地国家带来的只是“消极的和平”，而非“积极的和平”，这不是非洲人要的和平，在“中国建设性参与非洲和平与安全”国际会议上，美国雪城大学非洲裔美国研究和政治学教授贺拉斯·坎佩尔（Horace Campell）指出，“我们需要研究和平的定义，对于非洲，和平究竟是什么”。这种军事干涉模式，看似很快解决了问题，实现了和平，但实际上只是暂时打压和掩盖了矛盾，从长期来看，实际上加剧了当地问题的复杂化。比如在马里，虽然法国很快重创了恐怖主义组织，帮助政府军收复了失地，但恐怖组织残余势力逃入马里与北方邻国交界的山区，仍在不断的实施小型恐怖袭击，防不胜防。其忌惮的是法国军队，而不是马里政府军，法军撤出后，恐怖主义活动将会再度活跃，这就持续加强了非洲国家对外部军事干涉的依赖。此外，法国的军事干涉并没有解决图阿雷格人的分裂主义问题。目前马里政府与图阿雷格反政府武装只是取得了暂时的平衡，关系仍然十分脆弱，分裂主义问题仍然是该国的重大安全隐患。同时，这种直接军事干涉也给法国带来了负面影响。近年来法国经济发展形势不佳，对马里和科特迪瓦军事干涉的巨大成本支出加重了本国的经济负担；法国的直接军事干涉行为也在国际社会引起了很大的争议，马里很多民众认为法国的直接军事干涉是殖民时期的重现；法国的直接军事干涉还招致了诸多报复行为，在中东、非洲和法国本土都发生了针对法国的严重暴恐袭击。

利比亚战争中，利比亚反政府武装中的图阿雷格人不但在战争中增强了战斗能力和经验，还获得了众多武器；利比亚战争结束后，他们重新回到马里，开展反政府斗争，他们是马里图阿雷格反政府武装的真正骨干力量。马里军事政变的发动者也是一名多次接受过美国军事培训的军官。从这个角度看，马里内战是外部势力直接武力干涉利比亚所导致的副产品，这也是西方国家直接武力干涉非洲和平与安全事务导致的“消极的和平”和“恐怖流散”（Terror Diaspora）

的典型案例，“这样的反恐努力无助于促进民主和经济发展”。①

2. 强调多边主义行动

西方大国在对非洲地区实施直接军事干涉时，特别强调多边主义行动，争取与联合国、非盟、西共体、非洲地区大国及东道国之间开展紧密的协作。多边合作既可以增强干涉能力，更主要的是可以降低舆论压力和国际阻力。在实施军事干涉之前，首先努力争取联合国的授权，以获得合法性。比如，法国政府特别强调，一切对非洲的军事行动必须得到联合国的授权。在对科特迪瓦的军事干涉中，法国获得了联合国安理会的授权，并在采取军事行动前，公布了与联合国的来往信函复印件。虽然部分西方大国在获得联合国授权后，常有突破授权范畴的举动，如在利比里亚调研时，利比里亚大学科菲安南冲突转型研究所所长 T. 德比·桑蒂（T. Debey Sayndee）指出，“外国军队介入非洲国家的活动，实际都有授权，只是有些人利用这种授权，干的比本来让他干的事情多”；也有人对西方大国利用自身在联合国的影响力推动决议的形成表示

① John Campbell, “Is American Policy toward Sub-Saharan Africa Increasingly Militarized?” *American Foreign Policy Interests*, Vol. 35, No. 35, 2013, pp. 346 -351.

异议，但无论如何，这些国家还是借助联合国的合法外衣为其实施直接军事干涉提供了合法性，有效减少了外交负担和舆论压力。

西方大国非常重视相互之间的合作。法国在非洲地区实施的直接军事干涉中冲锋在前，美、英等国采取多样化的手段配合在后。在马里内战中，美国一方面借助其成熟的无人机技术，采收各类情报信息，提供给法国，实现情报共享；另一方面为法军提供部分后勤支援，比如空运物资；英国也为法国提供了部分后勤支持。

西方大国也非常重视与非洲地区组织及地区大国的合作，例如法国与非盟、西共体开展密切合作，并积极支持萨赫勒五国集团开展行动，2014 年 8 月起，法军在撒哈拉—萨赫勒地区启动“新月形沙丘行动”，调整兵力部署，强化与萨赫勒五国的军事合作；2016 年 10 月，法国投入 4200 万欧元，为萨赫勒五国集团提供反恐训练。

3. 军事培训项目的包容性特点

西方国家在非洲地区的军事培训项目非常注重多渠道和包容性，取得了很好的效果。比如，强调军事培训项目与民事培训相结合，在军事培训中开展妇女职业技能培训，开展前军事人员生产技能培训等；这些附加在军事培训中的民事培训耗费资源不多、投入不大，但争取到了当地社会的广泛支持，深得人心。这与西方国家在对非洲的援助中开展较多的民生援助异曲同工。同时，西方国家在非洲地区开展的军事培训项目非常开放，很多项目不仅对非洲地区国家开放，也对非洲域外国家开放；将这类培训项目建成一个军事交流与合作平台。这种方式一方面可以充分利用各个参与国的资源，扩大军事培训的资源，有助于保证培训效果；另一方面在军事培训的过程中，强化了国家间的军事交流和国际合作，有助于军队经验的增加和能力的提升。

4. 强调预防冲突的重要性

近年来，国际组织和西方国家对非洲地区的和平与安全事务的干涉呈现出明显的从传统的维和行动向冲突预防、战后重建并重过渡。强调冲突的预防是危机管理的关键。比如，欧盟强调预防性介入，谋求在察觉到危机扩散的信息时，在人道主义紧急事件发生之前即采取行动。因此，必须要建立完善的安全和冲突预警机制，这就需要强大的情报系统作为支撑；同时，也要形成系统的危机响应和快速处理机制。

5. 以重点地区为节点布局

进入21世纪的第二个十年，由于受到全球经济不振的影响，西方国家在非洲的军事存在实际上采取了适度收缩的政策。相比以往，更强调军事存在的集中性，选择关键国家和区域作为节点，进行军事布局，典型的是法国在非洲地区永久性军事基地的大幅度缩减。由于现代军队信息化和机动化能力的显著增强，这种集中性并没有明显削弱法国的地区军事干涉能力，在近年来历次对非洲国家的军事干涉中，法国在非洲驻军集中性下的机动性展现无遗。“机动性”体现在，根据具体形势随时启动临时军事基地，各基地驻军随时进行调配。如 2008 年 2 月，乍得爆发骚乱，法国驻加蓬的伞兵连调往乍得；在马里内战中，法国军队从科特迪瓦调到马里；在加蓬大选期间，法国又从科特迪瓦调动军队到加蓬。笔者在科特迪瓦调研时（2016 年 9 月 12 日），法国在科特迪瓦驻军编制为 980 人，实际人数仅 400 多人，超过一半的兵力被临时调往其他地区。

五　非洲地区和平与安全局势的特征和诱因

（一）和平与安全局势的特征

综合分析当前非洲地区的和平与安全局势，可以发现以下几个明显的特征。

1. 传统安全和非传统安全问题交织

传统安全问题以传统的国家由上而下的暴力为主导，一般是国家组织或发起的暴力行为，如战争等。进入21世纪，这种传统的暴力行为逐渐式微，新的碎片化的安全问题应运而生。相对于可以清晰辨认暴力发起和来源的传统暴力行为，这种由社会组织，甚至民众个体发起的暴力行为方式更加多样化，诸如恐怖袭击、海盗、跨国犯罪、宗教和民族冲突、环境冲突等，其来源更难以辨认，目的或公开化或隐秘化，且随时可变。这种碎片化的安全问题波及面更广泛、影响也更深远。21 世纪的头十年，非洲地区安全问题是传统安全问题和碎片化安全问题共存的局面；2011 年“阿拉伯之春”及利比亚内战后，这种碎片化的安全问题逐渐超越了传统安全问题成为主流的安全问题。其原因在于，全球化格局带来的发展不均衡状态加剧，社会各阶层民众觉醒，主动提出发展、公正、公平的诉求；现代媒体、资本市场、交通工具等都为这种可能来自任何地方、去往任何方向的碎片化安全行为的爆发提供了可能。按照目前的发展局势，这种碎片化的安全问题将成为非洲地区未来的主要安全挑战，非洲地区多数非传统安全问题都跨出了国境，成为泛地区性的问题，正如在“中国建设性参与非洲和平与安全”国际会议上，南非人文科学理事会首席研究专家格雷戈里·F. 休斯敦（Gregory F. Houston）所言，“非洲面临的很多安全威胁，比如说跨境组织犯罪、走私武器和毒品、海盗、武装抢劫，以及极端主义组织等，都超越了法制和国境”，这导致非传统安全问题的国际合作需求增加，合作难度加大。而采用传统的从上而下单一线条的治理思维和手段，处置新型的安全问题无疑将是低效，甚至无效的。目前，非洲国家普遍不具备良好的治理非传统安全问题的能力，这会让民众对政府的治理能力和水平产生怀疑，影响地区稳定。笔者在利比里亚调研，与非洲经济与社会研究发展理事会（CODESRIA）学者座谈时，外方学者埃布里马·萨尔（Ebrima Sall），索津纽·弗朗西斯科·马齐涅（Sozinho Francisco Matsinhe）等指出，“恐怖袭击导致民众普遍产生恐慌心理，政府治理不利，让民众怀疑政府根本没有能力保护百姓的财产生命安全，这类社会负面情绪导致非洲地区安全问题的进一步恶化”。[①]

未来一段时间，非洲地区仍有较多的传统安全隐患，比如人们熟知的尼日利亚的部族矛盾随时可能爆发，马里北部地区分裂主义势力仍有可能卷土重来等。此外，赤道几内亚的老人政治问题也存在一定的隐患。目前，赤道几内亚现总统奥比昂已执政37年，该国看似政局稳定，且已确立其子为下任总统，但事实上，该国腐败极其严重，贫富差距巨大，国内民众对于经济发展无法惠及普通民众和严重的腐败已经非常不满，[②] 未来该国政权能否平稳交接，值得忧虑。但较长的时间内，非传统安全将是非洲地区更严重的安全威胁。

---

① 在利比里亚调研时，与非洲经济与社会研究发展理事会学者的座谈记录。

② 在赤道几内亚调研时，就该问题与赤道几内亚国立大学教授、坦达酒店本地员工等人进行交流，文中观点是对他们看法的总结。

2. 陆地安全与海上安全问题共存

进入21世纪以来，世界多个地区的和平与安全问题都呈现出陆地安全与海上安全问题并存的局面。海上安全主要是海盗问题，有其鲜明的特点，如作案对象更单一，作案地域范围更广阔，作案工具更先进，作案时机更灵活，作案方式更机动。解决海上问题往往需要多个国家之间的协调与合作，加大了海上安全治理的难度。考究海上安全问题的根源，会发现海上安全多为陆上安全问题的延伸和延续，因此单纯打击海盗并不能从根本上解决问题。海上安全的治理需要陆地与海上联动，实施综合性的治理。鉴于非洲地区存在的各类安全隐患无法在短期内消除，陆地海上联动的综合治理也不会迅速取得明显的效果，因此非洲地区陆地和海上安全威胁共同存在的局面还将持续。

3. 经济增速放缓带来负面影响

部分非洲国家的国民经济严重依赖某一产业，比如尼日利亚、赤道几内亚、加蓬等国对油气业的依赖，科特迪瓦、加纳等国对农业的依赖，这种单一的经济结构导致了经济的高度脆弱性，极易受到国际政治经济局势风吹草动的影响。当前，世界经济复苏道路曲折，全球需求不旺，国际贸易和投资额下降，国际油价长期低位徘徊，农产品等大宗商品价格持续低迷，非洲地区的部分国家经济与前些年国际油价高企、大宗商品价格处于高位时期不可同日而语，经济增速放缓，政府财政收入锐减，公共服务支出减少，居民生产生活都受到了明显的影响。此外，埃博拉疫情的暴发严重影响了利比里亚、几内亚和塞拉利昂的农业生产，三国经济出现大幅衰退。经济的萎靡进一步降低了居民的可支配收入和生活水平，中产阶级数量减少，贫困线下的民众比例有所增加，一些生计困难的民众通过各种极端的方式表达不满，如暴力犯罪、游行示威等；部分人走投无路，选择加入恐怖组织或极端主义组织，这些组织也借机为所在地区提供基本的生活服务，收买人心，招兵买马。

4. 内部治理和外部干涉军事化

在非洲地区，包括尼日利亚、马里等多个国家都选择了坚持传统安全逻辑，采用高压政策和军事化手段来打击反政府武装、恐怖组织、海盗，实施安全治理。但非洲地区安全问题的发展事实却证明，利用国家暴力机器以暴制暴，结果带来的是更多的游行、骚乱和暴力的升级。

在国际社会层面，联合国、欧盟、法国、美国等外部势力也都通过维和、军事干涉等多种传统军事化行为，不同程度地介入非洲国家的和平与安全事务，干涉手段呈现明显的军事化倾向。在“中国建设性参与非洲和平与安全”国际会议上，赞比亚穆隆古希大学社会科学院教授迈克尔·恩琼加·穆里塔（Michael Njunga Mulikita）指出，“外部势力的干涉导致非洲安全问题出现了军事化倾向”。这些外部军事化行为关注的是冲突的抑制，关注的是外界认定的和平，而这种和平对非洲国家本身来说，是“假和平”“消极的和平”，而不是“真和平”“积极的和平”；这种和平是对矛盾的暂时掩盖，而埋下的祸根往往在很久以后会更大力度的爆发，这已经被非洲发展历史多次证明了。外部势力的军事干涉压制了非洲国家安全治理能力的提升，形成了“冲突—外部势力干涉—外部势力撤出—冲突重现”的恶性循环。

外部势力实施军事干涉的典型是法国，非洲地区的部分国家是原法属殖民地，这些国家已独立多年，但法国仍然实际掌控着这些国家的政治、军事和经济命脉，一旦这些国家出现不利于法国的倾向，法国便会采取各类措施进行“管理”，其中就包括直接军事干涉。从1960年到现在，法国对非洲实施军事干涉超过50次；2011年，法国出兵科特迪瓦；2013年出兵马里；这两次出兵迅速取得了法国想要的效果，但却没有根治该国的分裂主义问题，恐怖主义组织也只是暂时逃避，马里仍然危机四伏，科特迪瓦内部矛盾也时时显现。

非洲国家的政府官员和学者对于这种外部势力的军事干涉有着不同的看法，很多人反对这种干涉模式，但也有不少人欢迎这种干涉模式，认为这是西方大国与非洲国家的军事合作，并无不妥。如在利比里亚调研时，利比里亚国防部主管军事行动部门的副部长圣·杰罗姆·拉贝利（Saint Jerome Larbelee）就认为，“利比里亚需要法、美的军事援助，他们来不是驻军，是我们的合作伙伴”。

事实上，仔细考察非洲国家的和平与安全问题，会看到这些安全问题都有着综合性的背景和因素；因此，解决这些安全问题的手段也必须是综合性的手段，“积极的和平”的实现和维持必须要解决产生组织化暴力的社会、经济、政治等结构性问题。[①] 典型的如尼日利亚的反政府武装“尼解运”，仅仅击败“尼解运”并不能解决尼日尔河三角洲的“资源诅咒”和部族矛盾问题，只有采取综合治理才有可能真正治本。

从未来的发展趋势来看，法国等西方国家将继续强化在非洲地区的军事控制力，多数非洲国家也将继续采取军事化的手段应对危机，也即是说，未来非洲

① ［美］大卫·巴拉什、查尔斯·韦伯：《积极和平：和平与冲突研究》，刘成等译，南京出版社 2007 年版，第 6—7 页。

地区和平与安全问题的治理会展现越来越强的军事化特征。

5. **安全问题的区域化和全球化**

在一定程度上，全球化和区域一体化带来的要素加速流动，是非洲地区安全问题的重要诱因。第一，信息技术的进步和信息传播手段的丰富方便了信息沟通，降低了行动的成本；第二，资本的流动加快，给冲突各方提供了充足的资金，诸如贩毒、贩卖人口、武器、钻石交易等跨国犯罪成为冲突各方重要的资金来源；第三，人才的全球流动给了冲突原动力，典型的是利比亚内战后，图阿雷格人返回马里参加反政府武装，成为骨干；第四，宽松的市场准入和不健全的监管体系，让武器的流通异常便利；第五，也是最根本的原因，全球化加剧的全球经济不均衡和不平等发展愈加严重，引发普通民众的严重不满。而观察非洲地区安全问题的发展，会发现绝大多数安全问题都跨越了国界，成为泛地区化事件，甚至全球性事件；这使得单边问题变成双边问题，进而变为多边问题，显著提高了各国危机应对与管理的难度。虽然特朗普的上台、英国脱欧等事件会使全球化“回潮”，但全球化的总体发展趋势并不会发生根本的变化，尤其在新技术不断涌现的未来，全球的联系会更加紧密；非洲地区无论是政治还是经济，对外部的依赖性都很强，该地区安全问题的国际化倾向也会越来越强。

（二）和平与安全问题的重要诱因

非洲地区和平与安全问题产生的原因非常复杂，既有内部原因，也有来自非洲其他地区和国际社会的外部原因。在方方面面的原因中，部族和部族主义、“资源诅咒”及其引致的路径依赖是两个非常重要的诱因。

1. 部族矛盾和部族主义

多数非洲国家部族众多，且没有任何一个部族的人口数量超过全国总人口的一半，族体构成复杂，比如尼日利亚，该国有超过200个部族，其中较大的部族有豪萨族、富拉尼族、约鲁巴族、伊格博族、埃多族和伊比比奥族等，豪萨族、富拉尼族、约鲁巴族和伊格博族的人口总数都超过千万。尼日尔河和贝努埃河将该国分成北部、西南部和东南部三部分，成为三大主体部族的地域分界线，豪萨—富拉尼族（富拉尼族与豪萨族杂居，共用豪萨语，文化习惯相近，通常被称为豪萨—富拉尼族）分布在北部地区，约鲁巴族分布在西南地区，伊格博族分布在东南地区；三大部族人口总数合计占全国人口总数的80%以上，其中，豪萨—富拉尼族人口总数约占全国的35%，是最大的部族，约鲁巴族和伊格博族人口总数分别占全国的25%和20%。[①] 尼日利亚多数部族都有自己的语言，各族语言不通，交流存在障碍，极不利于民族融合。尼日利亚各部族人口数量差距悬殊，政治、经济、社会发展程度相差更大；多数中小部族仍然处于分散的部落状态。在尼日利亚，该国的部族矛盾和部族主义也是其错综复杂的政局和安全局势的根源，三大部族之间，以及大部族与中小部族之间的矛盾、斗争和冲突是安全问题的重要表现形式。

非洲国家的部族矛盾和部族主义产生、发展的原因很多，最根本的原因是历史上非洲地区落后的社会生产力所导致的经济社会发展严重滞后，占据不同地域的部族为争夺有限的生存资源和空间而产生矛盾、争斗和冲突；在长期的斗争和冲突中，逐渐形成了越来越稳固的地域部族认同，形成了极为稳固的和可传承的部族主义。而从15世纪开始入侵非洲大陆的西方殖民者，则对部族主义的进一步强化和发展做出了巨大的“贡献”。在长达300余年的黑奴贸易期间，西方殖民者利用当地黑人代理商为其抓捕黑人，这种卑劣

① Tokunbo Simbowale Osinubi, OladipupoSundayOsinu-bi, “EthnicConflictsinContemporaryAfrica: The Nigerian Experience”, *J. Soc. Sci.*, Vol. 12 (2), 2006, p. 108.

的手段直接导致了代理人所在族群与其他族群之间的深度仇视。比如在尼日利亚，欧洲人口贩子利用实力强大的部族，如约鲁巴族、伊格博族的酋长为代理，这些代理从欧洲殖民者手中获得枪支等工具，掠夺小部族黑人转卖；这就形成了这几个大部族与广大中小部族之间的仇恨，并长期存续，这种部族关系对尼日利亚的部族关系，甚至尼日利亚的民族和国家构建进程都产生了巨大的影响。

到19世纪末，非洲大陆已经几乎全部沦为殖民地，西方殖民者的长期殖民统治加剧了非洲地区的部族矛盾和部族主义。在殖民统治时期，为便于统治，西方殖民者人为的对非洲国家进行划界，以至于现在呈现在世人面前的非洲地图，很多非洲国家的边境线都非常齐整。这种人为的、几何图形般的划界既不符合自然地理界限，也不符合民族地理界限；人为划界的结果是将一个部族划分到几个国家，造成部族的跨界而居，非洲有跨界民族135个，占族体总数的1/5；[①] 或将很多原本不属同一国家的多个部族划到同一个国家，强行“拉郎配”；边界可以利用强权人为划分，但部族认同、语言文化、价值观和社会组织结构是在长期历史中逐渐形成的，这些要素并不会因为

---

① 葛公尚：《非洲的民族主义与部族主义探析》，《西亚非洲》1994年第5期。

人为划界而在短期内实现分离；被强行划到一个国家的某部族，与原来该国的其他部族之间缺乏认同感、归属感，文化习俗、价值观上的差异明显，其结果只能是矛盾重重。试图通过暴力行为打破现行政治疆界，按民族地域重新划界，这是一种不可取的行为，但非洲各国的一些部族却进行了多次的尝试，由此引发了一系列的暴力冲突和战争。这种由人为划界导致的边界冲突、战争，或一国内的部族纷争成为非洲大陆历史上的常见现象，直到今天仍然是痼疾，随时可能爆发。

在殖民统治时期，西方殖民者为强化统治，常利用非洲国家各部族之间的差异、分歧和隔阂，挑动部族矛盾，逐个击破，分而治之；这种手段强化了部族矛盾和部族主义。比如在尼日利亚，英国殖民者为降低统治成本、强化统治力度，实施了间接统治政策，利用当地传统政治势力进行统治。他们在尼日利亚南北方地区实行不同的政策，采取地区分治；在南方大力推行西方教育，宣传基督教，在北方则主要借助当地传统社会组织统治，推行西方教育的力度较小；在南方地区将官方语言定为英语，在北方则继续主要使用豪萨语。通过不同的政策来阻碍南北方之间的顺畅交流，以防止该国形成统一的民族意识，形成一致对外的不利局面。英国殖民者的这种做法加剧了尼日利亚南北方不同部族之间的对立，各部族的离心倾向加剧，为部族主义发展成为尼日利亚政治现代化进程的毒瘤，为尼日利亚独立后动荡的政治局势种下了祸根。

非洲国家独立后，部族主义强化和加剧的因素犹存。其一，尽管非洲国家经济得到了长足的发展，但总体来看，仍处于较低的发展水平。长期生活在贫困线下的非洲民众，为了满足基本生活所需，通常会采用见效最快的暴力手段争夺资源；新制度经济学认为，见效最快的方式往往会形成路径依赖，暴力成为各部族惯用的手段；持续的经济落后和贫困不断加深部族之间的敌对，两者之间形成了恶性循环。比如尼日利亚三角洲反政府武装、几内亚湾海盗、恐怖主义问题等，其背后的深层次原因都是长期的落后和贫困。其二，20 世纪 80 年代末 90 年代初，“民主”浪潮袭来，西方国家在非洲大陆推行和嫁接“民主制度”；在“民主”浪潮的影响下，各国的中小部族希望利用“民主制”实现与大部族争夺政治权利和生存资源的目标，纷纷成立各类政党；在现代政党政治的大旗下，各部族开展了新一轮的斗争，但很多时候，这种斗争又采取的是传统的暴力方式。在“民主”浪潮下，非洲国家的部族矛盾和部族主义再次得到强化。张宏明研究指出，多党制的轮回导致部族主义泛滥并使政党政治演化为部族政治。[①] 其三，非洲国家获得政治独立之后，在很多方面对西方国家的依赖并没有消失，尤其在经济领域；西方国家实质上掌握着很多非洲国家的经济命脉，与殖民时期相比，只是换了一种方式对非洲进行掠夺而已。而一旦非洲国家出现各类问题，西方国家便采取利用“人权”“良政”等各种借口进行直接和间接干涉，在非洲国家部族冲突、宗教冲突、政权更替，或是国家间的冲突、战争中，都会看到西方国家的直接或间接参与，参与的结果往往是导致问题更趋复杂，部族矛盾更趋剧烈。前文所述的西方国家对非洲地区安全问题的干涉就很好地说明了这一点。其四，非洲国家政府在处理部族主义问题上存在诸多问题，“在部族主义因素的影响下，非洲国家的政治发展很容易披上部族主义的外衣，各级政府所制定的政策也无不打上部落主义的烙印”[②]；一些政策失当加剧了部族矛盾，“国家权力的滥用和国家权力的削弱是地方民族主义滋生和发展的导因。同理，国家权力的合理使用是解决民族冲突的最好办法”[③]。

---

① 张宏明：《部族主义因素对黑非洲国家政体模式取向的影响》，《西亚非洲》1998 年第 5 期。

② 张宏明：《论黑非洲国家部族问题和部族主义的历史渊源》，《西亚非洲》1995 年第 5 期。

③ 李安山：《非洲民主化与国家民族建构的悖论》，《世界民族》2003 年第 5 期。

部族主义对非洲国家政治发展和安全局势产生了长期而深刻的影响，部族主义使撒哈拉以南非洲国家的社会处于分裂不和状态，从而对国家的统一构成了威胁；对撒哈拉以南非洲国家政权的“合法性”提出了挑战，从而危及了政局的稳定。① 突出的表现在政党部族化、军队部族化和政府部族化。

考察非洲国家的政党，有很多都具有较为明显的部族化特征。在反殖民地斗争中建立起来的非洲国家政党，大多是以部族为基础建立起来的，党员大部分是某部族成员，部分政党的领导人是酋长或其后代。独立后，这些政党掌握了政权，受益者也限于本部族及支持本部族的少数其他部族。② 非洲“民主化”浪潮后，多数国家实行了民主选举。选票与部族挂钩，因而各政党更注意以部族为基础，规模较小的政党主要以本部族人为主；大政党则以本部族人为基本框架，吸取其他部族人士加入，从组织形式上形成了多部族党派，甚至是全国性大党，但该类政党的核心也多以本部族或与本部族密切合作的其他部族为主，在党内也存在鲜明的以部族为界限的内部矛盾和内部斗争。政党的政治纲领多具有明显的部族主义色彩；政党组

① 张宏明：《部族主义因素对黑非洲民族国家建设的影响》，《西亚非洲》1998 年第 4 期。

② 张忠民：《泛非主义、非洲民族主义、部族主义关系浅析》，《徐州师范学院学报》（哲学社会科学版）1996 年第 4 期。

织仍显现出传统的部族组织方式。因此，非洲国家的多数政党还是部族政党，而非现代意义上的政党，也就无法形成现代意义上的政党政治。比如，尼日利亚的竞争性政党制度是英国殖民者设计和推行的，但尼日利亚的政党很快就成为代表和维护尼日利亚三大主要部族利益的部族性政党；其中，“北方人民大会党”以豪萨—富拉尼族为主，“行动集团”以约鲁巴族为主，“尼日利亚全国公民会议”以伊格博族为主；独立后，三大政党各谋其利，在国家事务中，主要代表本部族争夺资源与利益的分配，国家意识淡漠，尼日利亚政治舞台成为各大部族争取和维护本部族利益的角力场，严重违背了现代民族和国家建构的意义。在20世纪80年代末的“民主”浪潮下，尼日利亚很多中小部族为与大部族争夺政治权益，纷纷组建政党，政党如雨后春笋般崛起，但这种以部族为基础构成的、以维护本部族利益为最高目标的政党只是披上了政党外衣的部族利益代言人，并非真正意义上的政党组织。目前，尼日利亚政坛的主要政党，如人民民主党、尼日利亚行动大会党、进步变革大会党和全尼日利亚人民党等，虽然部族化不似之前那样强烈，但仍然可以看到各部族在各自的政党中发挥着关键的作用。

部分非洲国家的军队构成也以部族为基础，由此，军队也成为大部族利益的代表，大部族将部族化的军队用作主宰国家政治发展的力量；在很多非洲国家，军人干政成为制度化遗产，军队部族化成为影响和制约非洲民族和国家建构的重要因素。比如在尼日利亚，独立之后，军队里也形成了三大部族共同掌控的局面，部分高级军官有强烈的部族意识和部族倾向，军队在日后尼日利亚政治发展史中也成为维护部族利益集团的工具，军事政变、军人干政、军政府成为尼日利亚政治发展史中的关键词。甚至，尼日利亚的民兵组织也成为各大部族维护本部族利益的准军事机构，民兵组织由本部族人员组成，如奥杜瓦人民代表大会、阿热瓦人民代表大会、伊格博人民代表大会、伊波苏非洲童子军、巴卡西童子军、西斯巴群体、伊侨青年委员会、尼日尔河三角洲志愿军等。①

非洲国家政府部族化主要表现在两个方面；一是中央政府的部族化，在一些非洲国家，一旦代表某个部族利益的政党上台，实权部门的官员多安置该部族人员，或与该部族联盟的其他部族人员；二是一些中小部族虽然没有实力掌握中央政权，但可以在选举中利用部族人数优势控制本地区的选票，从而独霸一方，很多部族的人服从部族指令胜于服从中央政府的指令，

---

① John E. Anegbode, Monday Lewis Igbaf, "Ethnic Militia Violencein Nigeria: The Caseofthe O'odua Peoples' Congress (OPC)", *The Journal of Social*, *Political and Economic Studies*, Vol. 32, No. 2, 2007, p. 134.

这种部族势力的存在是对中央政府权力和权威的极大削弱，是国家政治生活的不稳定因素；三是部分非洲国家虽然建立了现代政治制度，实现了对全国的正常治理，但地方传统部族势力仍然发挥着重要作用，中央政府的政策在这些地方仍然表现为部族化的传统施政方式，与现代政治制度格格不入。

进入21世纪，在经济全球化的背景下，发展成为全球各地区的重要任务，非洲大陆亦是如此。多数非洲国家意识到了部族主义的危害，实施了多项减轻部族主义危害的政策，取得了一定的效果；绝大多数非洲国家也将注意力主要集中于经济和社会的进步和发展，在这一过程中，各个部族之间的交流和沟通日益紧密，经济联系得到空前加强，部族对立情绪有所缓和，部族主义倾向有所削弱；但在这一系列可喜的变化中，我们仍然不能忽视，在一些国家中仍有部分人在宣扬和借助部族主义，鼓动部族分离主义，部族主义仍然是安全局势恶化的重要诱因。比如马里北部地区的分离主义倾向即是部族主义导致的分离主义的典型案例；非洲多个国家出现的军事政变、政权频繁更迭是部族主义和军队部族化问题的集中体现；尼日利亚尼日尔河三角洲反政府武装的再度活跃，是小部族对抗大部族的斗争。即使是一些非传统安全问题，如几内亚湾海盗问题、跨国犯罪、气候变化等，如果深究其背后的原因，也能发现部族主义的身影。

必须指出的是，宗教问题也是非洲地区安全问题的重要来源之一，而且，宗教问题往往同部族主义问题相互叠加，互相助长。以尼日利亚为例，该国主要宗教为伊斯兰教，其次为基督教，再次为各种传统土著宗教。尼日利亚的穆斯林和基督徒之间长期的矛盾和纷争，常常是引发该国暴力冲突的导火索。而且，尼日利亚不同地区、不同部族有着不同的宗教信仰，宗教分歧和部族差异的叠加，宗教冲突与部族冲突同时存在，贯穿着尼日利亚独立以来直至今日的政治斗争、政局变换的始终。宗教往往被各利益集团作为动员工具，利用宗教资源获取政治权力，因此，宗教矛盾和冲突常常被夸大和操纵。

尼日利亚独立之后，北方穆斯林长期掌握国家政权，政府在一定程度上代表着伊斯兰教的利益，政府在宗教政策和宗教管理上有诸多失当的做法，长期忽视其他宗教教徒的利益，尤其是基督教徒，导致穆斯林和基督徒之间的对立情绪日渐浓厚，摩擦和纷争不断。20 世纪 80 年代初，在宗教激进主义影响下，尼日利亚的宗教矛盾开始激化，爆发了多起恶性的宗教冲突，其中“麦塔特斯尼暴动”（Maitatsine Riots）是最严重的宗教事件之一。“麦塔特斯尼”是尼日利亚最具破坏性的极端组织，“麦塔特斯尼”是豪萨语中

“诅咒者”的意思，其宣扬原教旨主义，号召以极端的思想和行动对抗尼日利亚政府，这在尼日利亚历史上是首次将极端宗教意识形态施加于世俗；该组织在20世纪80年代多次制造恐怖事件，为后来的宗教冲突做出了极坏的示范。之后，尼日利亚类似的宗教暴动或危机便持续不断。当前尼日利亚最臭名昭著的恐怖主义组织“博科圣地”，也是该国历史中长期存在的伊斯兰极端主义发展的结果。在“博科圣地”的产生、发展的过程中，都可以清晰地看到借助了伊斯兰教的理念、文化、教义，以伊斯兰教旗号为掩护，曲解和滥用伊斯兰教法，实施恐怖主义活动之实。尼日利亚的部族主义和宗教冲突是该国和平与安全问题的重要根源。

2. “资源诅咒”和制度困境

“资源诅咒”的传导机制可以简单地描述为，某项自然资源的丰富，带来资源型产业的繁荣，一方面形成单一的资源型产业结构，容易患上“荷兰病”，资源部门的扩张挤占其他行业的资源配置，首当其冲的是制造业的萎缩；同时，资源型产业的快速发展导致人力资本积累不足，人力资本的投入无法得到额外的收入补偿，居民接受教育的意愿普遍降低，难以支撑持续高速度的经济增长。在制度安排不完善的情况下，资源型行业的迅速扩张将同时带来严重的寻租和腐败问题，政府和利益集团将通过寻租和腐败受益，而广大民众则无法分享经济收益，无法实现包容性增长；在产权制度不清晰，法律制度不完善，市场规则不健全的国家，丰富的自然资源还会诱使资源使用的“机会主义”，造成资源浪费和掠夺性开采；资源的开发将加大生态环境的压力，环境问题成为经济社会发展的障碍。上述问题集中展现后，容易带来国内各利益集团之间的对立和冲突，甚至导致国家政局动荡。

几内亚湾地区是世界著名的油气产区，该地区也是遭受“资源诅咒”最为严重的地区之一，尼日利亚、赤道几内亚、加蓬等国都是典型代表。该地区的油气产业对其他产业的“挤出”效应明显，在前些年国际石油价格高企之时，各产油国经济增长迅速，外汇收入暴增，汇率持续走高，直接导致本国产品的出口竞争力的削弱，出口部门的投资减少；同时，油气产业的繁荣，汇率的持续走高，也导致进口增加，国内进口替代产业投资受到影响，产生了明显的“去工业化”现象，这些产油国实现经济多元化最为倚重的制造业受到了沉重的打击。这些国家没有能够利用国际油价高企所带来的历史性机遇完成经济结构的调整和优化，实现经济的多元化发展。

尼日利亚的尼日尔河三角洲地区是遭受“资源诅

咒”最严重的地区。该地区是尼日利亚最重要的油气资源富集区，多年的油气资源开采对该地区的生态环境造成了不可修复的破坏；饮用水源大范围污染，很多当地居民甚至为了洁净生活用水而发愁；原油管道破裂和有毒废物废水倾倒，严重污染河水，鱼类和植物大量死亡。同时由于不合理的规划，红树林大量砍伐，加之石油相关生产设施的铺设破坏了鱼群的产卵场或改变了河道，影响了鱼虾的繁衍，对渔业发展构成了致命的影响；天然气长期直接燃烧，造成了较强的温室效应，该地区的酸雨问题严重，降低了农田肥力，农业生产遭到破坏。多年来，尼日利亚政府对环境问题重视程度相对较低，监管手段有限，治理能力低下，腐败问题严重，国际石油公司为降低成本，也想方设法逃避责任，未对环境破坏进行及时的修复。

环境的破坏不仅带来了气候变化等非传统安全问题，也是当地居民长期贫困的重要原因。尼日尔河三角洲当地居民无法再依靠传统的渔业和农业生存，按照常理，尼日利亚政府和国际石油公司应该通过利益分配的倾斜和政府的转移支付来补偿当地居民，但事实并非如此，尼日尔河三角洲居民并未从该国石油经济发展中获得足够的补偿，尼日利亚油气产业的繁荣并未带来包容性增长。导致这一现象的原因很多。其一，尼日利亚石油产业发展模式落后，产业链短，主要集中在开采和运输环节，油气产业的上下游产业少，尤其在尼日尔河三角洲地区更少，油气资源的附加值并未留在尼日尔河三角洲地区；同时，油气产业属典型的资本密集型产业，用工量有限，油气行业的繁荣并未带来当地居民就业的增加，反而由于对传统产业的破坏导致就业率走低。其二，尼日利亚政权长期掌握在几大部族手中，对中小部族为主的尼日尔河三角洲地区长期忽视，中央政府对该地区的投入有限，尼日尔河三角洲地区的基础设施极为匮乏，百姓社会保障与社会福利极少；例如，奥贡尼族的居住地是油气富集地区，该地区的资源为尼日利亚带来了大笔的石油美元，但奥格尼族居民却缺水少电，一贫如洗。[①]油气产业带来的巨额收入也很少反馈给尼日尔河三角洲当地政府和居民，1999年联邦宪法及其修正案才将分配给地方政府的石油收益提高至13%，但在执行过程中也存在诸多问题。其三，“资源诅咒”带来了严重的寻租和腐败，尼日利亚从中央政府到尼日尔河三角洲各级政府都存在着严重的腐败现象，根据透明国际2016年公布的清廉指数，尼日利亚的清廉指数为28，在全球176个国家中排名第136位，属严重腐败

① Edlyne E. Anugwom, "Ethnic Conflict and Democracy in Nigeria: The Marginalisation Question", *Journal of Social Development in Africa*, Vol. 15, 2000, p. 73.

国家。尼日利亚石油投资领域决策程序不透明，滋生了大量腐败行为，与中央政权没有紧密关系的国际油气企业通常很难进入该国，进入该国的国际油气企业也投入了大量灰色成本，腐败问题减少了尼日利亚的石油收入，但这部分收入也并没有全部为国际石油公司所获，大量被经手官员中饱私囊；中央政府反馈给尼日尔河三角洲地区的石油收入，在管理上缺乏透明度，尽管先后设置了尼日尔河三角洲发展理事会、产油区委员会、尼日尔河三角洲发展委员会等机构，但这些机构机制不完善，运行存在问题，资金挪用、中饱私囊等行为屡见不鲜，这些石油收入能够直接流到基层民众手中的极为有限。

“资源诅咒”带来的一系列问题导致了当地民众的不满情绪。

历史上，尼日尔河三角洲各个部族之间即为争夺资源而冲突不断；石油产业繁荣后，为争夺油气资源或国际石油公司的补偿，部族之间的冲突更加频繁；当地民众与国际石油公司关于经济补偿和环境保护的矛盾和纷争也非常频繁。长期频繁的冲突导致尼日尔河三角洲四分五裂，部族关系紧张；更严重的是带来了暴力文化，路径依赖使得暴力成为当地生活的一部分。

尼日尔河三角洲少数部族在政治上无权，在经济上遭受大部族的长期掠夺，边缘化感觉强烈，很多当地少数部族认为本部族人不再是尼日利亚人。在世界性族群意识高涨的影响下，他们开始为本部族的权益要求合理的再分配制度，高度的自治权，甚至有些部族提出独立的诉求。从20世纪90年代开始，尼日尔河三角洲陆续组建了大量少数部族组织，以受石油开发影响最大的奥贡尼人和伊贾人建立的组织为最多，以这些组织为依托，与中央政府和国际石油公司爆发的冲突日益增多，一些组织由开始关注民生和环境保护的组织，逐渐演变为反政府、要求民族自决的独立运动组织。尼日尔河三角洲反政府组织成为困扰当下尼日利亚政府的一大痼疾。尼日利亚尼日尔河三角洲的“石油诅咒”仅是非洲地区“资源诅咒”的一个案例，事实上，“资源诅咒”广泛存在于多个国家，比如塞拉利昂的“血钻诅咒”、赤道几内亚的“石油诅咒”等。“资源诅咒”还往往同部族主义、宗教问题相结合，很多暴力行为都打着部族和宗教的旗号，成为非洲地区和平与安全问题的重要来源。

3. 其他方面重要的诱因

除部族主义、宗教矛盾、“资源诅咒”外，非洲地区的和平与安全问题还有很多其他诱因。

比如，第一，经济发展的长期滞后和严重的粮食危机是非洲地区和平与安全问题产生的基本原因之一。一方面，为争夺有限的经济社会发展资源，不同的部族之间会产生相应的冲突；另一方面，长期贫困下的民众会迫于生计，从事毒品交易、武器走私、人口贩卖、海盗等犯罪活动，甚至加入极端主义组织；即使不从事犯罪活动，不加入极端主义组织，很多非洲人为了自身安全，也不得不支持极端主义组织，寻求庇护，而非洲极端主义组织又注重为所在地民众提供基本生活服务，收买人心。

第二，多数非洲国家政府治理能力低下，这也是安全问题出现或恶化的重要原因。在多数非洲国家，嫁接的西方民主制度与非洲本土传统存在排异现象，国家机构运行层面存在多种多样的缺陷；政府治理能力的低下，导致一些国家无法对边远地区实施治理，有些国家甚至“政令不出首都”，边远地区仍处于传统组织治理之下，而这些边远地区正是跨国犯罪、恐怖主义组织，甚至是边境冲突等安全问题丛生的地区。

第三，“阿拉伯之春”后外部恐怖势力的渗透。“9·11”事件后，在美国的打击下，“基地组织”在阿富汗遭到重创，开始在全球寻找新的生存空间，逐渐发展成为一个拥有多个分支的国际恐怖主义网络。部分非洲地区，比如西部非洲地区是穆斯林集中的地区，成为“基地组织”扩散的理想对象，“阿拉伯之春”后，“基地组织”加快向非洲渗透，“基地组织北非分支”迅速扩张，并与非洲地区的本土恐怖势力勾结。比如，“博科圣地”就受到“基地组织”的支持。首先是获得资金支持，“博科圣地”不仅直接接受资助，且学习和采用了“基地组织”获取资金的方式，如争取捐赠、抢劫银行、跨国非法交易等；如今，武器和毒品等非法交易是“博科圣地”获取资金的重要方式。其次是获得了“基地组织”宣传方面的支持，“博科圣地”学习和借鉴了“基地组织”一整套宣传模式，极大地强化了宣传力度；可以说，“博科圣地”的成熟与“基地组织”对非洲的渗透密不可分。非洲地区的部分恐怖袭击也是外来的恐怖分子所为，比如科特迪瓦大巴萨姆恐怖袭击案。

此外，外部势力对非洲国家和平与安全事务的直接干涉，也是非洲地区安全问题的诱因；全球化的发展和技术进步可以在短期内加速和放大安全问题；这两点在前文也做了详细的阐述。

（三）对和平与安全局势的预判

从以上的案例分析和结论，可以大致对非洲地区未来一段时间的和平与安全问题走势做出简单的判断。

当前，国际局势复杂，世界经济复苏进程曲折；特朗普的上台、TPP 的终结、欧盟其他成员国潜在的脱欧风险，以及中东地区的乱局都让世界局势向着更难以判断的方向发展。未来几年，非洲地区的和平与安全局势不会有根本性的好转，仍然存在为数不少的隐患。

在传统安全方面，主要的安全隐患有如下几个。第一，恐怖组织、地方反政府武装之间的冲突仍会继续，部分地区不排除引发剧烈冲突的可能性，最危险的仍然是尼日利亚，“博科圣地”实力犹存，不可小视；“尼解运”卷土重来，气势汹汹；尼日利亚政府似乎还没有彻底解决问题的有效思路和办法；马里北部地区仍然处于动荡之中，也有潜在的危险。第二，选举问题可能引发内部冲突，这个隐患广泛存在于非洲地区将要开展选举的国家之中，不过从近年来爆发的选举冲突及国内国际社会的应对来看，未来可能爆发的选举冲突规模不会太大，烈度也可以控制。第三，资源民族主义思潮可能会更严重。随着非洲国家自主发展的倾向越来越强，加之普通民众呼吁更多的资源收益分配，未来非洲地区资源大国可能会有更强的资源民主主义倾向，在政府层面表现为采用国家参与、本土化、颁布新矿业法、修改资源税率等方式提高资源合作门槛；“资源诅咒”问题不会得到明显的缓解，地方武装、恐怖组织，甚至普通民众则有可能采取极端的方式破坏外资资源类企业设施，干涉正常经营。

在非传统安全方面，未来几年最大的安全威胁仍将是恐怖主义。目前，非洲地区的主要恐怖主义组织实力有所减弱，但仍在不断寻找防御力量脆弱的地方实施小规模的攻击，一些原本受恐怖主义威胁相对较小的国家都有可能成为恐怖袭击的目标，如加纳、利比里亚、赤道几内亚、塞内加尔等；一些遭受过恐怖袭击，但次数较少的国家，也有可能再度成为恐怖袭击的目标，如科特迪瓦等；“基地组织北非分支”对尼日尔和毛里塔尼亚，“博科圣地”对喀麦隆、乍得、尼日尔、赤道几内亚等国都存在现实威胁；“软目标”仍将是恐怖袭击的主要目标，其中外国资源类企业遭受袭击的危险性较大；此外，实力受损的非洲地区的恐怖主义组织在互动与联系，互相借助外部资源等方面有加强合作的趋势和可能。

几内亚湾海盗还将在未来一段时间持续活跃，短期内没有彻底解决的可能。一方面是由于尼日利亚尼日尔河三角洲的问题错综复杂，尼日利亚政府无法在短期内彻底解决，几内亚湾海盗产生和生存的土壤和环境犹在；另一方面几内亚湾沿线国家的治理能力和军事能力薄弱，国际合作貌似如火如荼，但实际效率很低，进展较慢，尚未对海盗形成有效打击。

非洲地区的恶性传染疾病在短期内突然再次扩张性爆发的可能性较小；气候变化问题、环境保护问题和跨国犯罪问题等全球性议题导致的安全问题会越来越突出，气候变化导致的水资源短缺和粮食危机尤其值得警惕。

非洲国家采取的安全治理机制可能会有如下几个发展趋势。第一，更加注重发挥集体安全机制的作用。非洲地区的安全问题呈现明显的区域化特征，因此，非洲国家的安全治理也必然更加重视集体安全机制的作用；非盟和西共体等次区域组织作为本区域和平与安全中最直接的利益攸关方，有动力和意愿从根本上寻求解决安全问题的途径，它们与区域内国家的联系更紧密，其行为更易于为冲突各方所接受，显然会比外部势力干涉获得更多的支持，因此将在非洲地区未来的集体安全事务中发挥更为重要的作用。第二，更强调以发展的手段促进和平与安全。如前所述，多数非洲国家将会持续采用军事化的安全治理手段，但这些国家也普遍意识到了发展与安全的关系，将会比以往更重视以发展促和平；比如尼日利亚，为解决尼日尔河三角洲的安全问题，政府会从地区平衡发展的角度进行治理，综合治理措施将成为军事化治理手段的重要补充。第三，更加积极地寻求安全领域的国际合作，新兴经济体成为潜在的合作对象。非洲地区的安全问题呈现明显的国际化特征，该地区国家将更多地通过国际合作来寻求安全问题的解决，除联合国等国际组织，法国、美国等西方大国外，新兴经济体也成为合作的潜在选项。一方面由于新兴经济体在全球治理体系中发挥着越来越大的作用，另一方面则是非洲国家希望借新兴经济体的力量，平衡西方大国的势力。笔者在科特迪瓦调研时，科特迪瓦国防部官员即明确表示“希望中国参与科特迪瓦安全事务和经济合作，使科特迪瓦在法国之外拥有更多的选择”。

六　和平与安全问题对中非经贸合作的影响

（一）非洲地区宏观经济的特点

2008 年国际金融危机前，世界经济已连续多年高速增长，非洲经济表现尤为突出。1995 年以来，非洲经济中长期存在的通胀顽疾开始逐步得到控制。与此同时，非洲经济增长率开始进入一个较稳定的时期。2002—2007 年，非洲实际 GDP 增长率保持在 5% 以上，通胀率也基本控制在 10% 以内。[①] 增长率和通胀率“一高一低”的局面标志着非洲经济进入了一个比较理想的发展期，也扭转了过去经济增长率低于人口增长率、人均 GDP 持续下降的趋势。

受 2008 年国际金融危机和 2011 年“阿拉伯之春”的冲击；2009 年非洲经济增速降为 2.7%，2011 年跌

① African Development Bank, *African Statistical Yearbook* (*2016*).

至1.1%；但非洲经济展现了良好的弹性，复苏速度和势头喜人，2012年经济增速即恢复到5.0%，远超2.2%的世界平均水平，也超过了发展中国家的平均增速。2012—2017年非洲经济年均增速为3.98%，高于全球平均水平。[①]《非洲发展银行2013—2022年的战略——以非洲转型发展为基础》报告认为，2016年以后的较长一段时间内，非洲经济仍将保持较为快速的增长。[②] IMF在《2017世界经济展望——谋求可持续增长》中指出，2018年非洲地区经济增速将为3.4%，未来一段时间将保持平稳增长。[③] 回顾1995年至今的非洲经济发展，我们有理由认为这是非洲独立以来持续时间最长、增速最快的发展阶段。在此期间，部分非洲国家经济实现了更快的发展，逐步成长为重要的新兴经济体，或展现了成为世界主要新兴经济体的潜力。南非于2010年被吸纳进“金砖国家”，成为全球新兴经济体的重要代表；2011年，尼日利亚被誉为“薄荷四国”（MINT）之一，与墨西哥、印度尼西亚

① IMF, *World Economic Outlook*, *Cyclical Upswing*, *Structural Change*, April 2018.

② African Development Bank Group, *AfDB Strategy for* 2013 – 2022 – *At the Center of Africa's Transformation*, May 16, 2013, p.5, http://www.afdb.org/en/documents/document/afdb-strategy-for-2013 – 2022 – at-the-center-of-africas-transformation-31420/.

③ IMF, *World Economic Outlook-Seeking Sustainable Growth*, *Short-Term Recovery*, *long-Term Challenges*, October 2017, p. 18.

和土耳其共同被认为是继金砖国家之后出现的重要新兴经济体，2013 年 GDP 首次超越南非；此外，埃塞俄比亚、肯尼亚、安哥拉、坦桑尼亚等国也显现出发展成为重要新兴经济体的潜力。

虽然近年来非洲经济实现了平稳快速发展，但仔细考察和分析非洲经济发展的实际状况，可以发现，这种高速增长主要得益于全球经济繁荣的动力机制，即发达国家与发展中国家之间形成的一种自我强化的全球增长模式。发达国家实施宽松的财政和货币政策使得全球范围内流动性空前增长；发达国家国内充沛的流动性推动了资产和资源价格的膨胀，由此带来的财富效应大幅拉动了发达国家居民的消费需求，从而增加了对发展中国家的进口需求；部分资本流入发展中国家寻找投资机会。反过来，在发达国家创造的出口需求和投资需求的拉动下，发展中国家又从发达国家进口大量的资本品。这样就形成了一种具有类似反馈机制的国际经济模式。进一步的，一国的投资与贸易之间也存在相互拉动的现象。而资本在寻求投资和贸易中的利润空间的同时，也一定程度上能够促进投资和贸易的互动。考虑到投资和贸易的拉动机制，以上模式势必从现象上表现为一国投资和贸易的同时高速增长。这一点可以从绝大多数非洲国家的实际情况得到证实。非洲经济增长的一个典型特点就是贸易和投资的同时加速增长。值得注意的是，这一模式在增长的情况下可以相互促进，但在经济滑坡的时期也可能相互促进，从而客观上会加深特定国家乃至全球经济的调整幅度。非洲国家的经济自我发展能力并没有得到本质的提升。

从经济现象来看，非洲经济发展仍然存在的问题主要体现在以下几个方面：一是多数非洲国家经济结构仍然单一，国民经济主要依靠生产和出口一两种农矿初级原料产品。例如，原油出口占安哥拉、尼日利亚和苏丹出口总额的95%以上。同时，各国出口依存度较高，经济发展对外贸依赖程度高，易受国际市场和国际局势变动的影响。在安哥拉，2002—2010年石油产业拉动经济年增长率高达12%，通胀率也由2003年76.6%降至14%；但2008年金融危机导致国际油价大跌，安哥拉经济增速明显放缓，2010—2017年年均经济增长率仅为3.27%。[①] 21世纪的头十年，全球大宗商品价格的上升非但没有助力非洲国家实现经济的健康转型，反而推动一些国家在经济结构单一的泥潭中越陷越深。经济结构单一是很多非洲国家经济发展长期存在的痼疾，但这些产业是很多非洲国家财政收入的主要来源，一旦调整可能会引发国内的财政危机和经济危机，因此各国对这类支柱产业都持非常谨慎的态度，很难在短期内有重大的

① 世界银行数据库，https://data.worldbank.org.cn。

调整和质的变化。二是非洲国家的产业结构决定了其对外经贸合作的方式和结构。这种方式和结构简而言之就是在对外贸易方面，主要出口资源类及农牧类初级产品，进口工业制成品；在吸引外资方面，外资主要涌向油矿业和以旅游、电信、金融服务为主的第三产业，投向制造业和农业的资金少；这种方式和结构在短期内可以带动经济基础薄弱国家的经济快速发展；但长期来看，则只能使失衡的经济结构不断强化。三是非洲国家经济发展不均衡现象十分严重，呈现出明显的二元化发展格局，既有经济增长快的国家，如埃塞俄比亚、加纳、利比里亚、尼日利亚、坦桑尼亚等国；也有经济发展慢的国家，如斯威士兰、马达加斯加、中非等国；二者存在极大的差距。各国国内的经济发达地区愈来愈富，经济欠发达地区的发展则越发举步维艰，国内贫富差距大，并有继续加大的趋势；这种发展不均衡，严重阻碍了经济和社会的健康发展。四是基础设施的缺失仍是制约经济可持续发展的主要障碍之一。非洲地区尚未形成覆盖整个大陆且分布均衡的交通运输体系。电力供应不足或成本过高。五是经济易受突发事件的影响。例如，受埃博拉疫情暴发的影响，2015 年塞拉利昂经济衰退 21.5%；2007—2015 年几内亚经济年均增速仅 2.1%。①

① African Development Bank, *African Statistical Yearbook* (*2016*).

（二）非洲经济发展和国际经贸合作趋势

从近年来非洲国家的经济发展和对外合作的情况分析，未来该地区国家的经济发展和国际经济合作将展现以下4个趋势。

第一，更积极地寻求实现经济多元化。非洲国家已经充分认识到经济结构单一化带来的问题，博茨瓦纳大学前副校长杨曼认为，非洲国内生产总值的总体增长并未引发结构性调整或经济多样化。[①] 调整经济结构，寻求经济多元化发展成为非洲国家重要的政策选择。在具体方式上，首先是继续着力推进工业化，将工业化作为实现经济可持续增长的必经之路；鉴于非洲国家普遍落后的经济发展水平，多数国家将选择劳动密集型轻工业作为工业化的主要手段；同时努力促进私人投资，增加私营工业部门的比重。其次是增强农业发展能力，农业在非洲国家的国民经济中地位举足轻重，不仅产值占GDP的比重高，更重要的是，农业是非洲国家最大的就业部门，直接关系到社会的稳定；而非洲国家农业发展水平较低，加之自然条件相

---

① Frank Youngman, "China and Industrialization in Africa-The Implications for Botswana", *Conference on African Industrialization and China-Africa Cooperation*, June 20, 2014.

对较差，部分国家粮食尚不能自给，因此各国普遍将农业视为经济发展的基础，采取积极措施推进；比如，尼日利亚自 2011—2016 年执行“农业转型计划”，政府采取多项措施保障化肥供应，提高种子产量，完善物流运输与市场体系；构建以投资商、农场主、加工制造商一体化的产品价值体系；制定农产品标准、增加检测试验室、提高产品的可追溯与跟踪管理、提供市场与出口教育培训等。最后是重视推进服务业发展，致力于提高服务业的产业层次；如尼日利亚同时推动传统服务业和新兴服务业的发展，在传统服务业方面，零售业发展较快，目前尼日利亚已成为非洲最大的零售市场之一；在新型服务业方面，尼日利亚的电子商务走在非洲前列，2014 年电子商务销售额超过 10 亿美元，Konga 发展成为非洲最大的综合购物网站之一；尼日利亚电子商务的发展得力于政府的推动，近年来，尼政府致力于网络条件的改善，2014 年开通的西非至欧洲的海底光缆服务，为民众提供了更稳定和低价的网络服务；尼央行（CBN）推行的无现金政策（cashless policy）也推动了网上消费的增加。

第二，继续强化吸引外资政策，同时高度强调自主发展。吸引外资被非洲国家普遍认为是快速引进技术，提高生产能力，调整经济结构，扩大就业和减少贫困的主要驱动力。各国普遍制定了吸引外资政策，政策目的明确，主要为促进本国经济发展，创造更多就业，提高民众生活水平，促进区域平衡发展，推动科技进步和环境改善等；各国实施的吸引外资的优惠政策主要体现在国民待遇、关税、其他税收优惠、放松外汇管制和投资者的财产安全保障等方面。在强调吸引外资的同时，非洲国家比过去更强调自主发展，以尽可能摆脱外部对本国经济的影响和控制。未来，以经济内生增长模式（endogenous growth model）取代过去占主流地位的从外到内以全球化为中心的经济增长模式将成为非洲国家的共识。为推动经济的内生增长，非洲国家将越来越强调生产型政府的作用，主张政府在经济发展中发挥更大的作用；这种潮流也是非洲国家对过往西方国家在非洲推行的新自由主义经济政策失败的一种反应，是“向东看”的结果。

第三，更强调经济的包容性增长。2007 年亚洲开发银行首次提出了“包容性增长”概念（inclusive growth），这一理念迅速得到推广。所谓“包容性增长”是倡导机会平等的增长，其最基本的含义是公平合理的分享经济增长；实现社会、经济协调发展和可持续发展也是主要目标。非洲国家强调“包容性增长”，非盟制订的“2063 年发展规划”中，将实现非洲的“包容性增长”和非洲复兴作为主要目标。而非洲地区恰恰是“非包容性增长”的典型地区，各国经济“有增长，无发展”，普通民众较少受惠于经济增长，贫困人口比例非常高；在尼日利亚、尼日尔等产油国出现了严重的“荷兰病”和“资源诅咒”现象，经济越发展，普通民众越贫穷。为改变现状，非洲国家也普遍开始重视“包容性增长”，其政策主要倾向于两个方面：其一是改善就业，提高民生水平。具体而言就是倡导发展更多的劳动密集型产业，实现就业岗位的增加，保障民众基本收入和福利。比如尼日利亚2014年12月制定了纺织业振兴政策，政策目标是将纺织业就业人数从2015年的5万人增加到2017年的10万人，间接就业人数由65万人提高到130万人。其二是改善环境，应对气候变化。为此，非洲国家普遍更重视环保产业和绿色能源的发展，有众多举措出台。如2015年8月，马里吸引挪威太阳能电力开发公司Scatec Solar投资建设西部非洲地区最大的太阳能电站，装机容量3.3万千瓦，年发电能力5700万度；2016年3月，尼日利亚签署了联合国《2030年天然气零空燃倡议》，设定了2025年可再生能源占能源总消费10%的目标；吸引韩国HQMC公司建设太阳能发电站，装机容量1万兆瓦；吉加瓦州政府和NOVA Scotia能源发展有限公司签署了建设50兆瓦的太阳能发电项目；吸引加拿大天空能源投资50亿美元在尼日尔河三角洲建设3000兆瓦的太阳能发电项目。

（三）中国与非洲地区的经贸合作

进入21世纪的第二个十年，在中非合作论坛行动计划和“一带一路”倡议的引领下，中国与非洲大陆的经贸往来更为密切。

在贸易方面，2016年中国与非洲大陆进出口总额达1491.2亿美元；其中中国出口922.2亿美元，进口569.0亿美元；与中国贸易额排名前十位的国家分别是南非（353.44亿美元）、安哥拉（156.29亿美元）、埃及（109.93亿美元）、尼日利亚（106.64亿美元）、埃塞俄比亚（101.77亿美元）、阿尔及利亚（79.86亿美元）、加纳（59.76亿美元）、肯尼亚（56.88亿美元）、坦桑尼亚（38.81亿美元）和摩洛哥（36.31亿美元）。南非已连续7年成为中国在非洲的第一大贸易伙伴，中国也连续第8年成为南非最大的贸易伙伴。从双边贸易产品类型来看，中国出口产品主要是电气设备、机械设备、车辆、钢铁、鞋靴等工业制成品，进口产品则主要是矿物燃料、矿石、木材、棉花等原材料。在投资方面，截至2016年年底，中国对非直接投资存量约为500亿美元。[①] 中国成为对非洲投资存量

---

① McKinsey & Company, *Dance of the lions and Dragons*, June 2017, p. 25.

最大的发展中国家。2016 年，中国企业在非洲 52 个国家有投资项目，覆盖率达 86.7%，但投资分布不均衡，投资重点流向南非、加纳、埃塞俄比亚、安哥拉、喀麦隆、毛里塔尼亚、尼日利亚、乌干达、赞比亚、埃及等国家。中国企业在非洲投资广泛涉及采矿、制造业、建筑、金融、交通运输、农业、科学研究和技术服务、商贸物流、房地产等多个领域。

中国在非洲地区的投资为该地区的进步做出了贡献。中国对非洲国家的能矿业投资，有利于各国工业体系的构建。在油气产业方面，2008 年，中石油与尼日尔签订了全面石油合作协议，约定 3 年内向尼石油勘探、开采项目投资 50 亿美元，帮助建立石油工业体系。2011 年 4 月，中油国际（尼日尔）石油项目一期工程竣工；11 月 28 日，中石油尼日尔阿加德姆一体化项目竣工暨津德尔炼厂投产。2013 年 11 月，中石油获得了尼日尔项目“二期开发许可”，储量总计约 10 亿桶。2010 年 9 月，国开行与加纳签署了《首期 30 亿美元全面合作融资框架协议》，中海油与加纳开展了海上石油勘探合作。2012 年 11 月，中石油与法国道达尔公司就尼日利亚海上油田 OML138 区块达成收购协议，协议资产价格 24.6 亿美元，收购道达尔在该区块 20% 的权益。在矿业领域，近年也有数个较大规模的投资项目，2015 年 4 月，山东钢铁收购塞拉利昂塞唐克里项目，控股储量达 128 亿吨的全球最大单体铁矿；11 月，中国贵州瓮福公司中标多哥碳化磷酸盐化肥、磷酸生产项目开发经营权，总投资 14 亿美元。2016 年 10 月，中铝公司与几内亚政府签署投资合作协议，中铝铁矿控股主导重启西芒杜项目合作开发。

中国企业的投资和承包工程在一定程度上提高了非洲地区的基础设施建设水平。在港口建设方面，2011 年招商局国际和中非发展基金收购了尼日利亚迪肯（TICT）码头集装箱有限公司股权，2013 年市场占有率达 30.91%；2012 年 8 月，招商局国际和中非发展基金投资 1.85 亿欧元，与地中海航运公司合作实施洛美港集装箱码头项目（LCT），获得 35 年经营权；2014 年 8 月，中国路桥承建的毛里塔尼亚友谊港 4、5 号泊位工程竣工；2016 年 10 月，中国港湾与几内亚签署了 7.74 亿美元的科纳克里自治港改扩建合同，完成后，将成为此区域最大的港口。在航空领域，2012 年中非发展基金联合海南航空，与加纳 SAS 金融集团、加纳社保基金共同投资加纳非洲世界航空公司（AWA），运行加纳国内及通往西非邻国的多条航线；2016 年 10 月，中航国际与几内亚达成协议，在民航领域开展全方位、多领域、高水平的合作。在公路、铁路、桥梁建设方面，2014 年 5 月，中铁建与尼日利亚交通部签订了沿海铁路项目框架合同，合同额 131.22

亿美元；2015 年 11 月，中海外中标马里尼日尔河大桥项目，项目总投资 370 亿西非法郎。在电力基础设施方面，2013 年 2 月，中国电建设计和 EPC 总承包科特迪瓦最大的水电站苏布雷水电站，总装机容量 27 万千瓦；7 月，长城公司与尼日利亚签署了建设系列电力基础设施的项目合同，总金额 1.7 亿美元；中国电建承建的宗格鲁水电站发电量占尼日利亚总发电量近 20%；2016 年 4 月，加纳安所固电站二期工程燃气联合循环机组投产，该电站是中国在非洲大陆投资建设的第一家电站，成为当地电力主供应商之一；11 月，中国长江三峡集团公司与几内亚签署了《卡雷塔水电站项目股东协议》，收购了 51% 的股权。

中国企业在制造业领域的投资一定程度上有利于非洲地区制造业水平的提升。如中材集团与尼日利亚唐氏集团合作，在喀麦隆、尼日利亚、塞内加尔等国投资了 14 条水泥生产线，年产量 2000 万吨；越美集团投资 100 万美元在尼日利亚成立了第一家境外加工贸易生产企业“金美（尼日利亚）纺织品有限公司”，后续又投资 5000 多万美元建设了“越美尼日利亚纺织工业园”，打造了完整的纺织工业产业链；徐工集团在非洲地区建立了完善的营销网络与服务备件体系，拥有加纳和几内亚两个分公司，在几内亚、加纳、尼日利亚、喀麦隆等国布局 25 个经销网点，提供专业的售后服务和全面的备件服务；2013 年，武汉人福医药在马里投资 2.5 亿美元兴建制药厂，该厂是中国在非洲大陆建设的第一家现代化药厂，也是非洲地区现代化程度最高的药厂之一，糖浆生产线已生产出羧甲司坦口服液和布洛芬混悬液，结束了马里不能生产药品的历史。

（四）和平与安全问题对中非经贸合作的影响

和平与安全问题给非洲国家带来了多维度的严重后果。首先，各类和平与安全问题的爆发导致大量军人和普通民众的伤亡，国家陷入动荡；如马里内战导致大量人员伤亡，国家一度陷入分裂；“博科圣地”杀害成百上千的平民，与尼日利亚政府军的激战导致全国处于动荡之中。其次，各类和平与安全问题直接或间接摧毁或破坏了经济基础设施和社会基础设施，带来经济上的巨大损失；政府在安全问题治理上投入了大量的人财物力，挤占了社会经济发展资源；更严重的是，在安全威胁的阴影下，许多正常的经济活动无法开展，迟滞了经济社会的正常发展，社会陷入了“不发展—不安全—更不发展”的恶性循环当中；“尼解运”不时袭击尼日利亚油气相关基础设施，导致正常的油气生产和运输无法开展，直接降低了外国投资者对尼日利亚油气行业的兴趣，减少了外资的流入；埃博拉疫情的暴发严重破坏了利比里亚、塞拉利昂和几内亚三国的农业生产，三国经济出现衰退；几内亚海盗盗取石油、威胁攻击海上钻井平台，影响了石油产业的正常生产；抢劫渔船和货轮，严重影响了渔业和航运业的正常运转；海盗的威胁直接降低了贝宁科托努港航运中转站的地位。最后，各类和平与安全问题严重恶化了非洲国家的营商环境。

和平与安全问题对中国与非洲国家的经贸合作产生了不可低估的影响，体现在很多方面。

第一，中国在非洲地区人员的人身安全。安全问题对人身安全的威胁是最直接的，战争、恐怖袭击、传染性疾病自不必说；社会治安问题对人身安全的威胁则更为常见。从中国活动在非洲地区的人群构成来看，主要有常驻人员和短期访问人员；非洲地区并非我国的传统旅游目的地，短期访问者以探亲访友、交流访问为主，这部分人群居留时间较短，受到安全威胁的概率相对比较小。在常驻人员中，外交部、商务部等政府机构的常驻人员的人身安全有较高的保障。大型中资企业的常驻员工通常是聚居工作、生活，办公区或厂区和宿舍区通常在一处，企业一般都实行严格的封闭管理，有专职的保安保卫；外出处理业务，有严格的规程，财务人员一般都有保安或同事陪同外出；夜间外出控制较严。此类企业常驻人员在外出处理业务时可能有遭受恐怖袭击的风险、个人被抢受伤的风险，也有驻地被抢劫的风险和感染传染病的风险等，但总体来说风险相对较小。而在非洲地区的私营企业、个人工商业者、来非务工人员的人身安全风险则相对较大，这些人居住分散，缺乏良好的保安条件，部分人群所处环境卫生条件较差；文化隔阂、语言沟通困难进一步加剧了其人身安全风险发生的可能性。近年来，中国在非洲地区经营的民营企业也更多地开始采用聚集居住和工作的方式，恶性安全事件明显减少。西非渔场是我国渔业公司聚集的地区，在该地区从事渔业生产的中国渔船较多，中国渔船已成为几内亚湾海盗劫持的重点目标；2015 年，接连有中国渔船遭海盗劫持。几内亚湾海盗问题在短期内不会有明显改观，成为对我国在非洲地区人员的重大人身安全威胁之一。

第二，中国在非洲地区经营企业的利益损失。和平与安全问题会导致中国企业蒙受巨大的经济损失，最极端的例子是利比亚内战导致中国企业损失了上百亿美元的投资，包括厂房设备的丢失损坏、在建项目的破坏、应收账款损失、原材料损失等。更常见的经济损失主要有以下两类。一类是由于和平与安全问题导致中国企业被迫放弃一些原本应该争取的项目，比如中国多家承包工程企业有意向竞标包括马里、几内亚、塞拉利昂等国家的工程项目，但由于突发的战争、恐怖组织威胁和传染性疾病问题而被迫放弃；再比如在尼日利亚，“尼解运”曾警告中国石油公司远离尼日尔河三角洲，声称“在有石油装置的地方被发现的中国公民都将被当成小偷一样对待。中国政府由于投资于被偷窃的原油而使其公民被置于我们的枪口之下”[①]，影响了中国企业在该地业务的开展。另一类是安全问题影响企业的正常经营，提高了企业的运营成本。比如，在埃博拉病毒肆虐期间，中港集团承建的科纳克里港集装箱码头扩建项目因疫情暴发停工，工人撤出，但政府和业主方要求必须按期完工，否则不能结算工程款并进行起诉索赔，无奈之下，撤走的工人只能又回来，提高了运营成本；工人回岗后，由于对疾病的担忧，人心惶惶，效率低下，延缓了工期。埃博拉疫情肆虐期间，中港集团承建的几内亚西芒杜铁矿码头项目被迫停工，工人全部撤出，但由于疫情属于不可抗力，业主方拒不付款。深圳能源集团在加纳投资的安所固电厂发电所用天然气主要通过输气管道从尼日利亚经贝宁、多哥到达电厂，2008 年，几内

---

① 门镜、［英］本杰明·巴顿：《中国、欧盟在非洲——欧中关系中的非洲因素》，李靖堃译，社会科学文献出版社 2011 年版，第 102 页。

亚湾海盗劫持的船只在起航时，由于操作不当，没有起锚，挂断了海底输气管道，导致安所固电厂断气停工 11 个月；2016 年，“尼解运”破坏输气管道再次导致断气停产 4 个月。再比如，由于几内亚湾海盗活动猖獗，伦敦的劳埃德市场将尼日利亚、贝宁附近海域的海盗威胁列入与索马里同样的等级，这意味着经过此处的商船除正常缴纳运输保险费用外，还需缴纳战争险附加费，这种战争附加险只限于海盗行为所直接造成的损失，不包括赎金损失；如果船只要雇佣武装保安随船护卫，还要承付额外的成本，这导致远洋航运企业成本的提高；渔业公司的安防成本也大幅度提高。

第三，扰乱中国企业的正常经营活动。和平与安全问题会直接或间接地导致政府治理能力的缺失。一方面，政府行政效率低下；另一方面腐败横生，这都是中国在非洲经营面临的老问题。部分非洲国家的政府行政人员对中国人（不单是中资企业，也包括访客）的“吃拿卡要”已经到了无法无天的地步。警察、移民局、司法局、安全局、海关、军队，甚至一些没有执法权利的部门，都可能以各种合法理由随时拦截、盘查、处罚，甚至扣押中资企业人员；其频繁程度让中资企业不堪重负，中资企业员工也不堪其扰。更有甚者，在个别非洲国家里，有武装军警利用便利条件，借检查为名，实施非法抢劫，甚至有借助荒唐理由将中资企业员工殴打致重伤的案例。[①]

第四，中国企业可能遭遇严重的汇率风险。汇率风险是国际经贸合作中最常见的风险之一，是指经济主体在持有或运用外汇的经济活动中，因汇率变动而蒙受损失的可能性，本身属于正常的市场风险范畴。但在非洲地区，这一风险尤其显著。安全问题可能会导致严重的通货膨胀问题，引发汇率在极短时间内发生剧烈的变动，造成严重的损失。例如，笔者在加纳调研，与中国在加纳注册和经营的某贸易公司座谈，该公司2016年上半年经营状况良好，实现30%左右的利润率；但在这半年内，加纳发生了严重的通货膨胀，本币大幅贬值超过30%，导致企业半年的辛苦付诸流水。[②]

除以上经贸合作方面的影响外，非洲地区的和平与安全问题还可能给我国带来政治层面的影响。其一，和平与安全问题可能会导致个别非洲国家的政局发生变化，反对党与执政党对待中国的态度不同，有可能导致两国关系的倒退。其二，爆发严重安全问题的非洲国家可能对中国提出一些相关的要求，比如要求中

① 据中国建筑工程总公司赤道几内亚公司员工介绍，其公司员工在赤道几内亚数次遭遇过此类恶性事件。

② 此处所提贸易公司是加纳华人商会副会长经营的贸易公司，应其要求，此处未提及副会长姓名和贸易公司名称。

国帮助其打击恐怖主义等，这会使中国陷入两难境地。如果提供协助，可能会招致恐怖组织的报复，威胁到中资企业和人员的安全，且在国际社会上可能遭到诟病和指责；如果不提供协助，则会招来当事国的不满，国际社会的某些势力也会指责中国是不负责任的大国。这两种情形都不利于中非关系的顺利发展和中国在非洲地区利益的拓展。

七　中非和平与安全合作及保护中国利益的建议

（一）中非和平与安全合作历程

和平与安全合作是中非合作的重要组成部分，中华人民共和国从建立之初即开始与非洲国家开展军事领域的合作。20 世纪 80 年代，随着改革开放的深化，中国开始通过联合国、非盟等全球性与地区性机制，更广泛地开展与非洲国家的和平与安全合作。进入 21 世纪，中非和平与安全合作进一步深化。2006 年的《中国对非洲政策文件》列出了军事合作、冲突解决及维和行动、司法和警务合作、非传统安全等中非安全合作的主要内容；[①] 2012 年中非合作论坛第五次部长级会议，时任国家主席胡锦涛宣布，中国将发起

① 《中国对非洲政策文件》，中非合作论坛官网，2006 年 1 月 12 日，http：//www. focac. org/chn/zfgx/zfgxdfzc/t481253. htm。

"中非和平安全合作伙伴倡议"，深化同非盟和非洲国家在非洲和平安全领域的合作；[①] 2015 年 12 月，习近平主席在中非合作论坛约翰内斯堡峰会上提出，将中非新型战略伙伴关系提升为全面战略合作伙伴关系，"坚持安全上守望相助"作为五大支柱之一；[②] 这标志着中非和平与安全合作进入了更高的发展阶段。

中国与非洲地区的和平与安全合作领域广泛，主要包括如下几个。

其一，通过多种方式支持非洲国家的军事能力建设，包括给予军事援助，开展军事人员培训、军售以及多样化的军事交流等。早在 1960 年，中国即为几内亚提供了军事援助，其后还为尼日利亚、利比里亚、毛里塔尼亚、佛得角等国提供过资金、武器装备或其他种类的军事援助。中国金融机构也给该地区国家贷款，专项用于军事装备与设施建设，如 2007 年中国进出口银行给加纳的专项贷款。中国为非洲国家提供的军事培训方式多样化，广泛涉及军事院校教育和管理、军事训练、装备技术、通信、后勤等；如为几内亚比

① 《胡锦涛在中非合作论坛第五届部长级会议开幕式上的讲话》，2012 年 7 月 19 日，http：//www.gov.cn/ldhd/2012 - 07/19/content_2187072.htm，2017 年 1 月 10 日。

② 《习近平在中非合作论坛约翰内斯堡峰会开幕式上的致辞》，2015 年 12 月 4 日，http：//news.xinhuanet.com/world/2015 - 12/04/c_1117363197.htm，2017 年 1 月 10 日。

绍军队开展的军事训练、扫雷技术培训等。目前，每年有一定数量的非洲国家军官到中国军事院校参加培训。军售也是中国与非洲国家开展军事合作的内容之一，比如向尼日利亚等国出售武器。此外，中国与非洲国家的军事交往活动日益多样化。如2009年，以北京军区白求恩国际和平医院和军事医学科学院人员为主组成的医疗队与加蓬军队举行了“和平天使-2009”人道主义医疗救援联合行动，这是中国军方首次与外军开展卫勤联合行动；2015年，中国与塞拉利昂合作，在塞拉利昂建立热带传染病防控中心，首期合作为期5年，这是中国首次在海外建立传染病医疗中心；目前已在塞拉利昂（英联邦）军队304医院建成了集医、学、研为一体的西非热带病原和防治研究中心。

其二，参与联合国在非洲地区的维和行动。在联合国框架下参与国际和平与安全事务是中国的一贯准则。1988年第43届联大同意中国加入联合国维和行动特别委员会后，中国开始积极参与国际维和。在非洲地区，中国相继参加了联合国利比里亚观察团、联合国塞拉利昂特派团、联合国利比里亚特派团、联合国科特迪瓦行动团等，主要内容为后勤支持。2013年，中国向联合国马里多层面综合稳定特派团（马里稳定团）派出了安全部队，这是中国参与联合国维持和平行动的转型。目前，仍有2400多名中国维和人员在非洲执行联合国维和任务。此外，中国为联合国维和贡献了大量经费，金额仅次于美国。

其三，积极参与非洲地区的战后重建。中国一贯强调以发展促和平，积极参与非洲地区国家的战后重建。2009年中非合作论坛行动计划指出，中国将加强与有关国家在联合国建设和平委员会的合作，支持有关国家战后重建进程。中国先后参与了塞拉里昂、利比里亚等国的战后重建工作，为其提供援助、贷款，企业开展承包工程、项目投资，为当地的战后重建和社会恢复做出了积极的贡献。

其四，支持和协助非洲地区组织和非洲国家安全能力建设。多年来，中国向非盟等非洲地区组织提供了大量资金，帮助提升安全能力建设。在2015年9月的联合国维和峰会上，国家主席习近平承诺，今后5年，中国将向非盟提供1亿美元的无偿军事援助，支持非洲常备军和危机应对快速反应部队建设。在12月召开的中非合作论坛约翰内斯堡峰会上，习近平主席宣布，中方将向非盟提供6000万美元的无偿援助，支持非洲常备军和危机应对快速反应部队建设和运作；支持非洲国家加强国防、反恐、防暴、海关监管、移民管控等方面能力的建设。中国与非洲国家开展了提升安全能力建设方面的合作，如警务领域的合作；

2013 年，中国向利比里亚派出了首支维和警察防暴队，到目前为止，已经派出了四支维和警察防暴队，第四支防暴队的总编制为 140 人，承担利比里亚 7 个州的维和任务，主要工作内容为武装巡逻、要人警卫、人群控制、应急事件处置、保护维和人员设施等，受到当地的欢迎；中方实施的信息技术驱动联合勤务，得到了“联利团”的高度认可，被大力向联合国推广。中国企业也为非洲国家安全能力建设贡献了力量，比如 2015 年 7 月，华为公司在马里锡加索地区建成了网络视频监控系统，大大提高了安全部门的执法能力。

其五，积极支持非洲国家应对非传统安全挑战。进入 21 世纪，非传统安全威胁日益加大，中方积极协助非洲国家应对非传统安全挑战。其中，最重要的合作是抗击埃博拉疫情。中国是最早为几内亚湾埃博拉疫情提供援助的国家之一。2014 年 8 月，首批价值 5000 万元人民币的物资援助即运往该地区，中国首次实施包机援助非洲；同时，派遣了公共卫生专家组；中国人民解放军也史上首次向海外派出成建制医疗部队，于 2014 年 9 月中旬起，先后派出 5 批医护人员赴塞拉利昂。截至埃博拉疫情结束，中国累计提供援助 7.5 亿元人民币及大量物资，并援建了医疗设施，如在利比里亚援建的诊疗中心、在塞拉利昂援建的防治中心站和 3 台流动生物化学实验车等；中国直接派出医务人员、专家近千人，收治大量患者，完成上万人次的公共卫生培训。疫情结束后，中国还在继续支持该地区建设医疗卫生体系，提高其应对突发卫生疫情的能力。

中国还积极支持非洲地区的反恐行动。2014 年 5 月，在“博科圣地”恐怖袭击最为猖獗的危险时刻，李克强总理坚持访问非洲，并表示中国将与非方共同拓展在人员培训、情报共享、联演联训等方面的合作，帮助非方增强维和、反恐、打击海盗等方面的能力。中国企业在非洲地区成立安保公司，为各类机构提供安全咨询、警戒看护、要人保卫、安防技术等专业安保服务，其中德威集团 2012 年在几内亚成立了几内亚德威安全服务股份有限公司。中国支持和帮助非洲国家开展跨国犯罪治理，2002 年中国参加了“金伯利进程”，监控和管理毛坯钻石进出口贸易，以阻止非洲血钻贸易；支持联合国关于控制小武器扩散问题的决议，控制非洲地区小武器扩散。

在与非洲国家的和平与安全合作中，中国始终强调非洲的和平与安全是世界和平与安全的重要组成部分；坚持不干涉内政的原则，强调非洲国家在和平与安全事务中的主体地位和自主权；坚持在联合国和非洲地区组织框架下解决非洲冲突；倡导政治对话和平等协商，反对强制性手段与外部直接军事干涉的模式；

强调通过发展促进和平与稳定。总体上看，通过与非洲地区的多层次、多方位、多领域的合作，中国已经成为该地区和平与安全领域的建设性力量，推动了该地区国家和平与安全架构的发展和自主维护和平与安全能力的提高。中国参与危机管理和战后重建，有助于消除安全隐患，有助于实现社会稳定和经济发展；同时，也有助于推动全球安全治理向着更加公平公正的方向发展。对中国本身而言，也通过这些行动树立和强化了负责任大国的形象，对于中国在该地区利益的拓展和保护，及中国进一步融入国际体系，都有着明显的推动作用。

（二）对中非和平与安全合作的建议

中国在非洲地区的利益越来越大，对中国的利益保护迫在眉睫，在喀麦隆调研时，雅温得大学教授、非洲经济与社会研究发展理事会副主席恩科洛·福（Nkolo Foe）直接发问："中国在非洲利益越来越大，中国如何保护自己的利益?"非洲国家对中国参与该地区和平与安全事务持欢迎态度；加之，中国作为负责任大国的内在要求，国际社会对中国承担更多的国际义务的期待，都决定了中国需要继续深化与非洲国家的和平与安全合作。

未来双方的和平与安全合作必须要符合全球经济政治安全格局的演进，符合中非关系升级的需要，符合非洲国家和平与安全性质的变化，符合中国参与国际事务理念和方式的转化。据此，本书提出未来继续深化与非洲国家和平与安全合作的政策建议。

第一，与非洲地区的和平与安全合作的理念需要突破。

目前，中国参与国际和平与安全合作的理念与世界上主要的国际组织、西方大国和部分非洲国家存在着较大的差异。主要国际组织和西方大国提出的“保护的责任”理念得到了诸多国家的支持，并在国际范围内开展了实践；西方国家推动国际社会给中国在非洲坚持不干涉内政的原则施加舆论和道德压力。非盟于2002年提出了“非漠视原则”，即非盟及和平与安全理事会有权在成员国国内出现严重安全情形，或在成员国间出现侵略情形时实施强制干涉，包括直接军事干涉；也有权在成员国出现不符合宪法的政府更迭时实施制裁，以恢复正常的国家秩序和政府治理。非洲很多国家也接受了“保护的责任”的理念。这些理念都与中国一贯坚持的不干涉内政原则有较大的差异。

随着中国海外利益的不断扩大和要求中国承担更多责任和义务的国际压力的增大，未来中国必然将更深入地参与到全球和平与安全事务中。为与国际社会更好地衔接，有必要在适当的时候，在一定程度上突破中国的不干涉内政原则。关于如何突破这一原则，目前官方尚没有明确的意见。在学术界，“建设性介入”非洲和平与安全事务的提法得到了一定程度的认可，一些学者开展了深入的研究。当然，不同学者对“建设性介入”的解读有所不同。在“中国建设性参与非洲和平与安全”国际会议上，中非学者深入讨论了什么是“建设性介入”的问题，认可“建设性介入”的基本内涵应是：只要有利于非洲和平安全形势好转，能够让拿枪杆子的人坐在谈判桌前交流和对话，互相尊重，以对话取代对抗，劝和促谈，坚持以对话协商解决争端的方式就是建设性的方式，凡是在这个原则下采取的方法或措施都是“建设性介入”的方法和手段。本书认为，在短期内很难会提出更好的理念，可以考虑将“建设性介入”作为未来中国参与非洲和平与安全事务的重要理念。如果如此，则必须要由官方给出权威的解释，要从理论与政策层面上厘清“建设性介入”的内涵与实际操作方式，明确提出“建设性介入”的概念、实施前提、领域、方式、国际合作机制、退出机制安排等，形成系统的中国“建设性介入”非洲和平与安全事务的政策体系，为中国加强国际和平与安全事务的合作提供相应的理论依据。

中国的“建设性介入”政策要与非洲的和平与安全政策实现更好的衔接。通过与非洲国家的密切合作，共同提出更符合各方利益的国际安全理念和规则，改变中国在和平与安全国际规制和全球安全治理方面的弱势地位。

第二，将预防冲突置于合作的优先位置。

世界主要的国际组织和西方国家明确将预防冲突置于与非洲国家开展和平与安全合作的优先位置，在实践中也坚持了这一原则。事实上，中国也一直关注预防冲突，但没有明确提出将其置于优先的战略位置。未来，应旗帜鲜明地提出预防冲突优先的原则，致力于冲突前端的管理，在明确察觉危机和冲突爆发的迹象时即合作开展行动。非洲学者也认为中国与非洲地区的安全合作应致力于预防冲突。在“中国建设性参与非洲和平与安全”国际会议上，尼日利亚中国研究中心主任查尔斯·奥努那朱（Charles Onunaiju）认为，“中国帮助实现和平与安全的最好办法是在问题出现之前予以解决，这样中国才能在非洲的和平与安全进程中扮演更重要的角色”。预防冲突的理念和实践需要一个成熟的危机和冲突早期预警体系，并据此建立一套系统的危机反应、响应和解决机制，上述体系和机制的形成都离不开超强的情报收集和分析系统，而目前中国在非洲地区尚不具备这种能力，这就给我们提出了新的要求。

第三，深化和创新以发展促和平的理念和方式。

国家政策是以发展为优先，还是以安全为优先，这是非洲国家关于发展道路的艰难选择。部分国家以安全为政策优先目标，将大量资源用于安全问题，但忽视了解决安全背后的发展根源，导致安全和发展问题都无法得到妥善的解决，尼日利亚即是典型代表。本书认为，发展优先，以发展促和平，以发展解决安全问题，应该是非洲国家正确的发展道路选择。

西方国家在对非洲地区安全事务实施干涉时，也强调发展与安全的关联，但与中国有所不同，西方国家强调先安全后发展，以安全促发展，这与国际社会发展与安全的实践相悖；中国强调以发展促和平，这是中国与非洲国家在和平与安全合作中一直坚持的理念，这一理念契合非洲的内在要求，赢得了非洲各界的普遍认可。在“中国建设性参与非洲和平与安全”国际会议上，尼日利亚中国研究中心主任查尔斯·奥努那朱（Charles Onunaiju）指出，非洲的和平与安全面临的最大挑战就是多数国家发展能力低下，需要更多的发展领域的帮助；雅温得第二大学学者莫洛·海伦娜·阿米莉（Molo Helene Amelie）指出，实践证明，恐怖主义一般多发源自贫困地区，经济合作对于非洲的和平与安全非常重要，中国对非洲的投资如果能促进非洲的发展，本身就是对非洲和平与安全的重大贡献；阿根廷国家科技研究委员会研究员、国立科尔多瓦大学亚洲当代史教授古斯塔沃·E. 桑蒂连（Gustavo E. Santillan）指出，他的研究发现，中国与非洲的发展合作切实地推动了非洲的发展，对于解决与发展相关的安全问题起到了实质性的促进作用。

在未来的合作中，中国应继续坚持以发展促和平这一理念，但发展的内涵是在不断变化的，因此，中国与非洲的“发展”合作方式和内容也要做相应的调整和变化。目前来看，未来双方的发展合作至少应遵循以下几点。（1）推进发展合作需要寻求双方发展战略的契合处，优先推动符合双方战略利益的领域，这样才能避免一厢情愿、生拉硬套的合作思维，起到事半功倍的效果。具体而言，即将中国的“一带一路”倡议、“三网一化”工程与非洲“2063 年愿景”及其第一个十年执行规划、非洲各次区域组织的发展战略及非洲各国的发展战略进行有效对接。这就要求中国首先要对非洲大陆各层次的发展战略进行清晰和深入的研究，目前中国学界尚无法达到这个研究标准。（2）未来世界的发展应该是“包容性的发展”，即发展必须更具有公平性，要惠及大众，让绝大多数人从发展中获益，这是国际社会普遍认可的理念。在赴利比里亚调研，与非洲经济与社会研究发展理事会

（CODESRIA）座谈时，学者埃布里马·萨尔（Ebrima Sall），索津纽·弗朗西斯科·马齐涅（Sozinho Francisco Matsinhe）和阿托·卡瓦梅纳·奥马纳（Ato Kwamena Onoma）提出："国际社会有些人认为，只要减少贫困，只要经济发展，安全局势就会变好；事情却并非如此简单，因为你很难验证是否人人都能分享到经济发展带来的成果，能否实现社会公平。"在"中国建设性参与非洲和平与安全"国际会议上，南非人文科学理事会首席研究专家格雷戈里·F. 休斯敦（Gregory F. Houston）指出："非洲安全问题的一个重要影响因素是谁能够从发展中获益；中国对非洲地区发展的帮助，确实能让非洲实现较好的发展，但如果这种发展不能惠及非洲多数民众的话，就失去了发展的意义。中国应该发挥作用，把发展带来的益处扩散到整个非洲社会。"非洲学者的看法事实上就是提给中国的要求。未来中国与非洲的发展合作必须将惠及大众作为基本的原则，更多地倾向于非洲民生工程，更多地关注和推动非洲青年人就业，更多地投入气候变化、疾病防控、环境安全、粮食安全领域，帮助非洲实现"包容性发展"。（3）要借力"一带一路"倡议，助力非洲的发展。要进一步加强在非洲的"一带一路"倡议宣传，目前中国"一带一路"倡议的内宣强于外宣，一些非洲人认为，中国的"一带一路"倡议抛弃了大部分非洲国家。在“中国建设性参与非洲和平与安全”国际会议上，有非洲学者提问：什么是“一带一路”倡议？为什么“一带一路”倡议不包括非洲？“一带一路”为什么只通到欧洲，是不是中国人要去附和欧洲资本主义等问题。这些问题的提出，说明中国“一带一路”倡议的外宣工作并不到位。笔者在调研时也发现，一些非洲政府官员和学者并不知道“一带一路”倡议的内涵和外延，更遑论普通民众了。在推动与非洲国家的发展合作时，必须首先明确：“一带一路”倡议是中国全面深化对外开放的国际战略，而不是仅仅针对所谓的沿线 65 个国家的战略；而且必须清楚地认识到，推动发展合作，必须借助“一带一路”倡议调动相关资源，否则将延迟合作进程。因此，在与非洲的发展合作中，要强调通过“一带一路”倡议与非洲发展战略的结合，加强双方的产能合作，推动双方实现“五通”，将“一带一路”倡议作为中国“建设性介入”非洲和平与安全的新视角和新框架。（4）将发展援助同和平与安全合作相结合。部分西方国家和国际组织将对非发展援助同非洲的和平与安全事务相结合，将与非洲的发展合作导入了更关注安全的方向，这对中国有一定的启示意义。非洲一直是中国对外援助的重点地区，但中国的援助较少用于和平与安全领域，未来中国可以将援助作为帮助非洲国家解决危机、实现和平的有力工具；具体操作方式上，可以用部分发展援助资金建立非洲和平与安全基金，专项用于非洲国家和平与安全能力建设、冲突预防、危机处置等相关事务，这也是中国“建设性介入”非洲和平与安全的有益尝试。（5）强化与非洲地区在非传统安全领域的合作，尤其要加强气候变化和疾病防控方面的合作。密切关注气候变化可能给非洲地区带来的水安全和粮食安全问题、自然灾害问题；同时，推动更多应对气候变化的务实合作，包括推动更多的绿色技术层面的合作，如开展节能技术、可再生能源技术、碳捕捉和储存技术的研发和应用，也包括开展对民生问题影响更大的水资源保护和利用、粮食生产、能源利用技术的合作。在传染性疾病防控方面，除目前已实施的若干措施外，建议着力推动医药领域的市场化合作；具体而言，就是推动中国医药行业成为与非洲地区产能合作的重点领域，支持中国企业投资非洲地区的医药行业；除制药产业外，医疗器械制造、医疗机构的开设和运营、医疗新技术等都是可以开拓的领域；其中，数字医疗诊断中心是未来中国对非洲医疗行业投资的一个重要方向。

第四，加强中国参与非洲地区和平与安全合作的能力建设。

中国参与国际和平与安全事务的时间较短，在理念、能力和经验等方面都与西方大国存在明显的差距，亟须加强能力建设。以下三点最为基础：其一，理论研究和政策研究。对于研究的重要性，美国雪城大学非洲裔美国研究和政治学教授贺拉斯·坎佩尔（Horace Campell）在“中国建设性参与非洲和平与安全”国际会议上指出，“开展对非洲的社科研究非常重要，美军非洲司令部虽然是军事机构，但将大量精力置于对非洲的研究上”。深化研究的前提是要有足够的智力储备。目前，中国各界对非洲地区的研究仍然不够深入，尤其是对草根阶层的实际情况、思想动向、实际诉求都缺乏了解，也就很难能提出合理化建议。笔者在赤道几内亚、佛得角等国调研时，受访人员提到，这是中国学术界的首访（究竟是否为首次，未经考证），中国对该地区的研究远远落后于西方国家，也未必优于其他新兴经济体。开展和平与安全合作的政策研究，必须要明确什么是非洲人认可的和平，即什么是“积极的和平”和“可持续的和平”；并据此明确提出和详细阐述中国参与非洲地区和平与安全的政策，消除外界的疑虑。其二，参与非洲地区和平与安全事务的人员综合素质的提高，包括语言能力、国际法和国际政治素养以及和平与安全相关的实际事务处置能力等。其三，情报搜集获取分析评判能力，这是中国更深入地开展国际和平与安全合作的关键，而这也是中国目前的短板。

第五，适度加大对非洲地区的和平与安全事务的参与力度。

建议中国以更积极、开放和灵活的态度，在非洲地区开展更广泛、更深入的和平与安全合作。

建议中国同非盟和平与安全理事会合作，共同制定非洲和平与安全的行为准则，借此平衡西方国家对非洲和平与安全事务的干涉。建议中国形成介入非洲国家冲突的系统长效机制，确保在冲突发生时，能够根据冲突的不同性质和程度，第一时间实施不同的预案。建议开展尽可能多种类的军民结合的安全事务合作，如安全部门人员培训、前军人培训遣返和安置、派遣警察部队参与安全管理、协助非洲国家维稳工作等敏感度相对较低的，有助于提升双方安全合作层次的合作。2016 年 12 月 8 日，国家主席习近平同加蓬总统邦戈会谈时，即提到“中方愿帮助加方加强维稳、执法能力建设”。此外，还可以进行以下两项合作的尝试。其一，深度参与几内亚湾海盗治理工作，既可以与几内亚湾国家形成双边海盗治理机制，也可以参与业已形成的几内亚湾海盗治理多边机制，甚至在合适的时机可以考虑与其他国家联合推动几内亚湾护航。目前有一种观点认为，中国在几内亚湾地区的经济利益小，护航成本过高，不宜开展护航，这确属实，但从中国未来在该地区利益的拓展，及全球安全利益布局来考量的话，可能会有不同的答案。笔者在科特迪瓦实地调研时，科特迪瓦国防部官员表示："2014 年，中国海军访问科特迪瓦，对海盗产生了强大的震慑力，也给科特迪瓦留下了深刻的印象，我们希望中国能够参与到几内亚湾海盗问题的治理中来。"其二，中国"一带一路"倡议中的一项重要工作是在全球建设海外战略支点。鉴于几内亚湾在全球航运、海上能源中的重要战略地位，及中国在该地区的潜在利益，建议考虑在该地区寻找合适的港口，与东道国开展深入合作，建立海外战略支点，甚至可能借未来打击海盗、开展护航的需求，建成中国海军补给基地，发展成为西部非洲地区的"吉布提"。从推进步骤来看，可以先行商讨建立中国远洋渔业补给基地或中国运营的港口，之后谋求逐步升级。

第六，多层次参与非洲地区的和平与安全合作。

目前，非洲地区已经发展形成了一个包含了全球、非洲大陆、各次区域、非洲国家、公民社会组织和民众个体等多层次的和平与安全事务体系。在该体系中，各类主体都发挥着独特作用，形成了相对稳定的分工协作格局。中国与非洲地区的和平与安全合作主要是在联合国框架和非盟框架下，与次区域组织、国家开展相关合作，总体来看，合作层次单一，制约了合作的深化和合作的效果。需要在更多层面来深化与非洲地区的和平与安全合作。

其一，加强与西方国家的沟通与协作，虽然中国与西方国家之间在和平与安全方面的理念和行动方式上有较大不同，但这并不妨碍双方求同存异、扩大共识、加强合作，中国与西方国家之间泾渭分明、互相对抗、互相拆台是冷战思维的延续，不利于共同建设一个安定和平的非洲。目前，中国与西方国家在经济领域开展的“国际三方合作”已经取得了明显的成效，应逐步推广到和平与安全领域中来。其二，加强与其他新兴国家的合作，共同推进全球安全治理结构的优化。在“中国建设性参与非洲和平与安全”国际会议上，巴西圣保罗州立大学政治和经济系教授阿纳尔多多斯·桑托斯（Agnaldodos Santos）指出，“在南南关系和抗击传染病问题上，中国、巴西和非洲要密切合作”；巴西圣保罗州立大学政治和经济系副教授马科斯·科代罗·皮雷（Marcos Cordeiro Pires）也指出，“巴西和非洲有很多互动，中国和非洲也有很多互动，三方的互动将会让各自在和平与安全领域中的优势和实力得到更好的发挥”。其三，加强民间团体的交流与合作。过往中非之间更注重政府层面的交流，在“中国建设性参与非洲和平与安全”国际会议上，苏丹政治家和作家艾尔莎菲·德尔·赛德·艾哈迈德

(Elshafie Khidir Saeid Ahmed) 指出，中国需要和非洲的各种智库或NGO进行对话，而不仅仅是从政府间关系的角度来讨论中非关系；津巴布韦大学讲师威尔伯特·资万坎尤瓦·萨多莫巴（Wilbert Zvakanyorwa Sadomba）指出，“中国需要与非洲的民间组织进行更多的联系”。民间团体的交流将成为政府层面交流的有效补充，有助于双方合作的深化。其四，民众是和平与安全的基础单位，发挥着基础作用，非盟“2063年愿景”中提到，为实现和平与安全的目标，非洲要从草根层面开始构建和谐的共同体环境。因此，中非之间要加强草根交流，加强民众个体间的交流，即people to people的交流。留学生是可以借重的资源，笔者在赤道几内亚调研时，赤道几内亚中国留学生联盟主席阿曼多·埃拉·恩苏·芒格（Armando Ela Nsue Mengue）认为，留学生对于中非之间的民间交流作用很大，中国应进一步增加非洲留学生名额，中国使馆应在每个非洲国家建立留华同学会，成为中非经济、安全合作的桥梁。其五，中非双方的有效交流必须建立在客观真实地认识对方的基础上。在“中国建设性参与非洲和平与安全”国际会议上，有非洲学者提到，中国的媒体应致力于展现一个更加真实的非洲，而不是片面报道非洲的负面新闻。现在中国媒体对非洲的负面报道已经在中国民众心里固化了非洲贫穷、饥饿、战乱、灾难的形象。笔者在非洲调研时，部分华人代表也提到，中央电视台到非洲做节目时，在采访时只关注负面新闻，这不利于中非合作的开展。中国政府要引导媒体行业客观真实的报道和宣传，为双方的有效交流奠定基础。

（三）对中国政府和企业保护在非洲地区利益的建议

进入21世纪，中国开始大力实施“走出去”战略，对外投资实现了迅猛发展，2014年正式步入资本净输出国行列，2016年对外直接投资流量超过日本，居世界第二位。与中国对外投资迅猛发展不相适应的是，中国对外投资企业对于海外投资安全风险的防范不利，因安全风险造成巨大损失的案例屡发。《中国企业国际化报告（2014）——企业国际化蓝皮书》指出，2005—2014年中国企业发生的120起“走出去”失败案例中，有25%是因为政治原因所致，有8%是在投资审批等环节因东道国政治派系力量的阻挠导致，有17%是在运营过程中因东道国的政治动荡、领导人更迭等原因遭遇损失[①]；也就是说，有一半以上的对外

① 王辉耀等：《中国企业国际化报告（2014）——企业国际化蓝皮书》，社会科学文献出版社2014年版，第28—29页。

投资失败是安全风险导致的。非洲地区是全球安全风险最高的地区，中国在该地区的部分投资还涉及油气、矿产、电力等敏感行业，该地区的和平与安全问题可能会给中国的投资带来巨大的风险。为防范此类风险，本书尝试为中国政府和企业提出一些相关的建议。

对中国政府提出的建议主要包括如下几条。

第一，加快《双边投资促进与相互保护协定》（BITs）的签订进程，优化安全相关条款。BITs是目前中国对非洲国家投资保护的最重要的法律机制。中国已与部分非洲国家签署了BITs，未来要继续积极推进与其余非洲国家BITs的签署，避免中国在这些国家的投资遭遇安全风险时无法得到有效保护。在国际惯例中，BITs条款中的重要内容之一是对双边投资面临的政治风险给予企业国民待遇保护，但中国与非洲国家已签订的多数BITs中，规定因战争或其他武装冲突、革命、国家紧急状态或叛乱而遭受损失时，只给予最惠国待遇的保护，这对中国投资的保护力度明显不足。在与非洲国家新签订的BITs中必须要对此条款进行纠正。同时，在新签的BITs中，要进一步完善关于投资争端解决机制的条款，即中资企业因安全问题发生争端时，可选择更多的国际仲裁机构进行仲裁。

第二，以“政府引导+市场主导”方式建立安全风险预警、保险和补偿机制。建立安全风险的预警、保险和补偿机制是老生常谈。关于建立的主体和方式，本书认为，安全风险预警和保险方面应采取“政府引导+市场主导”的方式，由政府完全承担此项任务并不合理也不实际；而安全风险补偿机制，则先期应由政府承担相关责任，然后逐步推动政府、企业共同承担相关责任。

目前，中国对外投资风险评估预警机制不完备，对外投资企业信息严重不对称，无法对非洲国家的实际安全情况进行准确评估，也就无法未雨绸缪；因此，建立完善的信息平台，提供风险评估和预警服务就尤为重要，建议中国政府引导第三方建立相应的机制。机制的实施方应采取市场化运作手段，实现该平台的商业化运作，以信息购买、咨询服务的形式为对外投资企业提供相应的信息服务，并获取经济回报。

在安全风险保险方面，建议中国政府一方面推进中信保公司保险险种的优化。目前，中国对外投资企业的政治风险保险主要由中信保公司承担，但中信保的海外投资保险产品费率高，投资合规条款模糊，承保范围小；作为承担推进企业“走出去”的重要机构，中信保有责任对这些问题进行纠正。另一方面，政府应推动中国其他保险公司尝试开展海外投资政治风险险种的开发。此外，中国政府应宣传和推动中国对外投资企业积极投保多边投资担保机构（Multilateral

Investment Guarantee Agreement，MIGA），中国是 MIGA 的创始会员国，多数非洲国家也是 MIGA 成员国，MIGA 保险范围涵盖海外投资的政治风险，当前中国对外投资项目中很少有投保 MIGA 的项目。

建议中国政府借鉴国际经验，建立境外投资亏损救济机制，如对投资非洲地区安全风险较高的国家进行投资退税；逐渐探索与企业共建境外投资救济基金，政府、企业和社会共同承担境外投资救济的成本。

第三，在经贸合作中运用“国际三方合作”模式。近年来，中国对“国际三方合作”的态度逐步向更积极的方向发展，进入 2015 年，中国领导人在多个国际场合倡导开展“国际三方合作”。2015 年 7 月，中法联合发布了《中国和法国关于第三方市场合作的联合声明》，之后，中国陆续与多个国家签署了“国际三方合作”协议，并进入实质操作。“国际三方合作”是一种“三赢”的合作模式；对中国而言，三方合作可以借助合作方的相对优势，弥补中国的相对劣势，实现特定的投资目的。从目前已有的信息分析，中国所倡导推进的“国际三方合作”以投资合作为主要内容，也包含援助合作。从目前展现出来的趋势看，中国意图将“国际三方合作”打造成未来开展国际经济合作的重要方式，潜力较大，前景值得期待。建议中国政府推动更多的“国际三方合作”协议的签订，尤其是与西方发达国家的三方合作协议，并扩大三方合作协定的合作范围与形式；推动中国企业在非洲国家投资中更多地采取与其他国家企业、投资东道国进行三方合作的形式，分摊或降低风险；比如与法国政府或企业开展在西部非洲国家的投资合作，合作在《中法关于第三方市场合作》的框架下开展，中国企业可以借助法国在非洲地区的影响力，降低安全风险。另外，这种“国际三方合作”也有助于规避国际舆论对中国在非洲投资的无端指责。

第四，以“发展”和“绿色”的理念促合作。中国的对非洲政策中一直将“发展”作为优先的政策目标。非洲地区是世界最不发达地区之一，在与该地区的合作中，要更强调发展问题，通过促进该地区的“包容性发展”，推动和平与安全的实现。在贸易投资合作中，要强调对接非洲的“2063 年愿景”战略，在该框架内加强与非洲国家在铁路、公路、区域航空及工业化领域的合作。在援助领域，要更注重非洲国家自身能力的建设和民生质量的提升，提供更多的诸如教育、培训等方面的合作，以及学校、医院、供水、供电等民生项目。

气候变化、环境问题将是未来非洲地区面临的最重大的非传统安全挑战之一，其产生的后果也会对中国与非洲国家的经贸合作产生明显的影响。建议中国政府将绿色发展、环境保护、气候变化等领域作为与非洲国家合作的重要领域，推动更多的务实合作。一方面，可以推动更多的绿色技术层面的合作，包括开展节能技术、可再生能源技术、碳捕捉和储存技术的研发和应用，也包括开展对民生问题影响更大的水资源保护和利用、粮食生产、能源利用技术的合作。另一方面，要推动中国环境类企业走进非洲国家，目前中国的污水处理、垃圾分类清运公司已经在非洲地区的加纳等国开展业务；同时要敦促在非洲地区运营的企业严格遵守相关环保要求，切实降低环境污染，加大对环境的修复力度，避免出现以往中国个别企业对投资所在地环境造成不可修复的问题。对于中国在非洲地区投资企业的管理方面，可以考虑以国内法对其在非洲地区造成的环境损害行为进行规制。

对中国企业提出的建议主要包括如下几条。

第一，提前开展安全风险研究并制定预案。中国企业投资非洲国家，在可研阶段要深入细致地做好尽职调查，尤其是对安全风险的调查和研究，包括政局、民族、宗教、社会治安、法律法规、民俗民风，及金融风险、宏观经济政策动态等。目前，中国很多企业对外投资的风险研究非常粗浅，在可研报告中，只有寥寥几页的风险分析，且内容过于宏观，无法满足实际工作需要。在风险研究和预判中，对于可能发生的严重冲突的预判最为关键。事实上，对于东道国安全风险的研究和预判需要很强的专业能力，企业本身可能并不具备，这就需要聘请第三方研究机构进行协助，如聘请国内外优秀的专业技术工程公司、咨询公司或研究机构。企业要有系统的风险预判、评估和应对流程，制定完善的突发事件应急预案，并重视日常演练。

第二，更重视在非洲地区的民间公关。在发展中国家的外国投资集中地区，尤其是资源类产业投资集中的地区，“双速经济”现象时有发生。一方面，外国投资带来当地资源类行业繁荣，当地权贵阶层通过多种方式获得巨大的收益；另一方面，由于种种原因，当地的普通民众可能并未获得足够的收益，所获收益甚至可能无法补充投资和开发行为对其环境和原本的生产生活方式的破坏和干扰，进而产生不满情绪，导致各种类型的纠纷，甚至是暴力冲突。尼日利亚尼日尔河三角洲地区对国际石油公司的长期抵制就是典型的案例。这就要求外资企业必须做好各方面利益的平衡，而这恰恰是中国多数境外投资企业的薄弱环节。中国企业在境外经营，多数仍然遵循过往在国内的经营经验，重视政府公关，轻视民间公关；习惯性地依赖政府解决在当地经营中遇到的各类问题，导致风险过于集中；而此类行事方式，在非洲国家很容易遭致民间组织的批评，反对派也常常借此作为批评和对抗执政党的工具，此类案例为数不少，这也是过去中国企业对非洲投资遭遇政治风险的重要表现形式之一。中国企业对非洲地区投资需要避免上述风险的产生，一方面，如前所述，做好尽职调查，尽可能地熟悉当地的情况；另一方面，企业在进入非洲国家之前，就需要制定好公关策略，协调好政府、NGO、民众及其他各类团队的利益，做好各方利益的平衡，解决好政治风险和经济利益之间的关系。在这方面，可以学习和借鉴部分西方国家公司在非洲地区投资经营的相关经验。

第三，切实防范资金安全。境外投资企业防范资金安全性风险主要是指三点。一是防范汇率风险，企业要建立金融风险预判机制，积极关注国内国际金融动态；加强与投资东道国政府及金融界的密切沟通，以便于随时发现风险苗头；所签合同尽量约定以美元付款，如果是美元与当地货币混合付款，则应要求尽量提高美元的比例；在合同中要加入保值条款，防范通货膨胀风险。二是防范部分国家可能由于安全风险导致的外汇管制，选择合适的金融工具实现风险对冲。三是避免在企业办公场所存有大量现金，从近年来中国企业在非洲国家的驻地被抢案件来看，基本都是在存有大额现金的情况下发生的内外勾结抢劫案件。

第四，进一步加强企业社会责任的履行。部分中资企业在非洲国家遭遇的安全威胁，与企业本身的社会责任履行不利有关。因此，建议中国企业进一步加强社会责任的履行。其一，在非洲地区经营的企业不要从事与当地法律相悖的活动，这是最基本的要求；但事实上中国企业确实有违反这一基本要求的行为，比如在几内亚湾地区，中国渔船非法捕鱼和在公海进行鱼类非法贸易活动屡有发生。2015 年，中国一艘渔船被几内亚湾海盗劫持，后被科特迪瓦海军解救，但在返航途中，竟然顺道进行非法捕鱼，而当时科特迪瓦海军巡逻艇还没有撤离，直接以非法捕鱼的罪名实施了抓捕，科特迪瓦国防部要求必须将渔民移交给他们处理，严重影响了中国国家形象。再比如中国大量人员在加纳从事非法采金，严重破坏了当地的自然环境，并且与当地民众发生多起冲突，上百名中国非法采金人员被抓捕并驱逐出境，造成了非常恶劣的国际影响。其二，要重视企业的本土化经营，满足当地政府的用工需求，依据当地劳动法和社会保险法规制定公开透明的人事政策和合理的薪酬体系，保证当地工人的合法合规权益；积极开展与当地工人的“感情建设”，以“沟通”化解误解；重视企业工会建设，注意将对本公司忠诚度更高的当地员工推举到工会组织当中，在一定程度上代表企业的利益；一旦发生解聘员工事件，必须严格按照程序实施，避免予人口实，借机生事。其三，进一步强调环境保护，中国企业要实施更高的环境标准，尽量避免损坏和污染当地环境；万一有污染事件发生，必须及时主动地实施环境修复；同时，企业应在力所能及的情况下，主动为投资所在地的生态涵养做出贡献。其四，以高度负责的态度保证企业的产品和工程的质量。产品和工程质量不过关，往往是一些安全问题的导火索，部分中资企业将在国内生产劣质产品和建设“豆腐渣”工程的劣习带到了非洲国家，比如笔者在调研过程中了解到，国内某些建筑企业在赤道几内亚建设的住宅项目存在严重质量问题，当地购房者意见极大，这都给企业经营埋下了安全隐患。[①] 其五，企业要进一步加强与投资所在地社区的关系建设，通过科学计划和周密实施社区可持续发展项目和社区合作项目，营造和谐的社区关系，改善安保小环境。

第五，提高应对几内亚湾海盗的能力。中国渔船已成为几内亚湾海盗抢劫的重要目标。中国在西部非洲地区经营的渔业公司对此要密切关注，切实提高应对海盗的能力。一方面，根据企业的实际情况投保，

---

① 此处案例为笔者在赤道几内亚调研时，赤道几内亚国立大学某教师首次提及的，笔者随后在赤道几内亚进行了相关访谈，证实该教师所言为事实，中国某建筑公司在当地建设的住宅小区质量低下，屡遭投诉。

以尽可能降低损失；另一方面，要加强自身防护措施的建设，包括提高船舶自卫能力，配备当地法律允许的防卫器械，加强船员的应急演练，设立安全房间，准备隐秘备用油料，与当地海事部门保持良好的通信等；在可能遇到海盗袭击的海域，船长和船员应根据相关的国际公约、行业指南及船舶保安计划，积极采取相应的防海盗措施等。

第六，加强对保险工具和法律工具的运用。中国在非洲国家投资的企业要加强对保险工具和法律工具的使用。保险方面，要根据项目实际情况选择购买中信保的海外政治险或投保多边投资担保机构（MIGA）；或选择国际性保险公司投保安全类别险种。在遭遇安全问题时，要善于利用法律武器维护自身权益。无论是遭遇合同变更、取消，甚至国有化，还是遭遇索贿、勒索，或是遭遇用工方面的纠纷，都要避免采用“灰色手段”解决问题的思路，要积极使用法律武器，向法院或其他机构，甚至有关国际机构提起诉讼或申请仲裁，维护自身利益。

参考文献

African Development Bank（AfDB）, *African Statistical Yearbook* , Abidjan: African Development Bank, 2016.

Alexandre Marc, Neelam Verjee, and Stephen Mogaka, *The Challenge of Stability and Security in West Africa*, Washington, D. C. : World Bank Group, 2015.

Ali, I. and Zhuang, J. , *Inclusive Growth toward a Prosperous Asia: Policy Implications*, *ERD Working Paper No.* 97, Manila: Asian Development Bank, 2007.

Andrei Akulov. "Asia Pivot Declared, US Army Eyes Africa", Nov. 19, 2013, http://www.strategic-culture.org/news/2013/11/19/asia-pivot-declared-us-army-eyes-africa.html, Jan. 10, 2017.

Appiah-Mensah Seth. "Security is like oxygen: A regional security mechanism for West Africa", *Naval War College Review*, Summer 2001.

Asian Development Bank, *Eminent Persons Group Report*, Manila: Asian Development Bank, 2007.

Australian Association for Maritime Affairs, *Piracy attacks in East and West Africa dominate world report*, Australian Maritime Digest 2012, Singapore: Fugro Satellite Positioning Pty Ltd., 2012.

Autyrm. "Industrial policy reform in six large newly industrializing countries: The resource curse thesis", *World Development*, Vol. 22, 1994.

Azeez Olaniyan. "Boko Haram Insurgency and the Widening of Cleavages in Nigeria", *African Security Review*, *Taylor & Francis*, 2014, No. 2, Vol. 7.

Barry Buzan, Ole Waver, Jaap de Wilde, *Security: A New Framework for Analysis*, London: Lynne Rienner Publishers, Inc., 1998.

Besley, Timothy; Burgess, Robin and Esteve-Volart, Berta. "The Policy Origins of Growth and Poverty in India", in Besley, Timothy and Cord, Lousie J. (eds.). *Delivering on the Promise of Pro-poor Growth*, New York: Palgrave Macmillan and the World Bank, 2007.

B. F. Bankie. "Anti-terrorism on the African continent: Experiences and lessons from Sudan-charting the future", *Working Papers for the International Conference on China's Construction Engagement in Africa's Peace and Security*, Oct. 2016.

Bruno Charbonneau, *France and the New Imperialism: Security Policy in Sun-Saharan Africa*, Burlington, VT and Hampshire, England: Ashgate, 2008.

Charles Onunaiju. "China-African cooperation on peace and security under the framework of the 'Belt and Road'", *Working Papers for the International Conference on China's Construction Engagement in Africa's Peace and Security*, Oct. 2016.

Charles UKEJE, Wullson MVOMO ELA, *African Approaches to Maritime Security: The Gulf of Guinea*, Publisher: Friedrich-Ebert-Stiftung, 2013.

Daniel Volman. "China, India, Russia and the United States: The Scramble for African Oil and the Militarization of the Continent," http://101.96.8.165/nai.diva-portal.org/smash/get/diva2:272960/FULLTEXT01.pdf.

David P. Barash, *Introduction to Peace Studies*, Belmont: Wadsworth Inc., 1991.

Deborah Brautigam, *The Dragon's Gift: The Real Story of China in Africa*, New York: Oxford University Press, 2009.

Edlyne E. Anugwom. "Ethnic Conflict and Democracy in

Nigeria: The Marginalization Question", *Journal of Social Development in Africa*, Vol. 15, 2000.

Elias Courson, *Movement for the Emancipation of the Niger Delta: Political Marginalization, Repression and Petro-Insurgency in the Niger Delta*, Stockholm: Nordiska Afrikainstitutet, 2009.

Elshafie hidir Saeid Ahmed. "China's Constructive Engagement in Africa: Challenges and Prospects", *Working Papers for the International Conference on China's Constructive Engagement in Africa's Peace and Security*, Oct. 2016.

Fatima Harrak. "China-Africa Peace and Security Cooperation, A Historical Perspective", *Working Papers for the International Conference on China's Construction Engagement in Africa's Peace and Security*, Oct. 2016.

Felipe, J., *Macroeconomic Implications of Inclusive Growth*, mimeo, Manila: Asian Development Bank, 2007.

Frank Youngman. "China and Industrialization In Africa-The Implications For Botswana", *Conference on African Industrialization and China-Africa Cooperation*, June 20, 2014.

Frederick Chakupa Sadomba. "Terrorism and extremism as

major threats to Africa's stability: subtle lessons," *Working Papers for the International Conference on China's Construction Engagement in Africa's Peace and Security*, Oct. 2016.

Giovanni Grevi, et al., *European Security and Defense Policy: The First* 10 *Years* (1999 – 2009), Paris: European Union Institute for Security Studies, 2009. http://www.iss.europa.eu/uploads/media/ESDP_ 10 – web.pdf.

Gregory F. Houston. "Africa's peace and security needs: Defining a role for the People's Republic of China," *Working Papers for the International Conference on China's Construction Engagement in Africa's Peace and Security*, Oct. 2016.

Gregory, R. G. "Some implications of the growth of the mineral sector", *Australian Journal of Agricultural Economics*, Vol. 20 (August), 1976.

Gustavo E. Santillan. "The African Integration Forums and the Role of China in African Integration", *Working Papers for the International Conference on China's Constructive Engagement in Africa's Peace and Security*, Oct. 2016.

Habibu Yaya Bappah. "China's Investment in Africa's Security: An Overview," Working Papers for the International Conference on China's Construction Engagement in Africa's Peace and Security, Oct. 2016.

Herbert Howe. "Lessons of Liberia: ECOMOG and Regional Peacekeeping," International Security, Vol. 21, No. 3, Winter, 1996 – 1997.

Heymann, David L.. "Global health security: the wider lessons from the West African Ebola virus disease epidemic," *The Lancet*, *Elsevier BV*, May 9, 2015.

Horace G. Campbell. "Redefining Peace and Security in Africa: Lessons from external interventions," *Working Papers for the International Conference on China's Construction Engagement in Africa's Peace and Security*, Oct. 2016. 10.

Isabel F. Nunes. "Civilian, Normative, and Ethnical Power Europe: Role Claims and EU Discourses", *European Foreign Affairs Review*, Vol. 16, No. 1, 2011, p. 13.

Iro Aghedo. "Old Wine in a New Bottle: Ideological and Operational Linkages Between Maitatsine and Boko Haram Revolts in Nigeria," *African Security Review*, Taylor & Francis, Vol. 7, No. 4, 2014.

Jeffrey D. Sachs and Andrew M. Warner, *Natural Resource Abundance and Economic Growth*, Boston: Harvard University, November 1997.

J. G. Gilmour. "The Terrorist Threat in North-West Africa," *Journal of Military and Strategic Studies*, Volume 14, Issue 2, 2012.

Jideofor Adibe. "Re-evaluating the Boko Haram conflict", http: //www. brookings. edu/blogs/ africa-in-focus/posts/ 2016/02/29 – reevaluating-boko-haram-conflict-adibe.

Jonathan Holslag. "China and the Coups: Coping with political instability in Africa", *African Affairs*, Volume 110, Issue 440, 2011.

John E. Anegbode, Monday Lewis Igbaf. "Ethnic Militia Violence in Nigeria: The Case of the O'odua Peoples' Congress (OPC)", *The Journal of Social, Political and Economic Studies*, Vol. 32, No. 2, 2007.

John Campbell. "Is American Policy toward Sub-Saharan Africa Increasingly Militarized?" *American Foreign Policy Interests*, Vol. 35, No. 35, 2013.

Justin Yifu Lin. "Development Strategy, Viability and Economic Convergence", *Economic Development and Cultural Change*, Vol. 51, 2003.

Kwesi Aning. "The African Union's Peace and Security Architecture: Defining an Emerge in Response Mechanism," *The Nordic African Institute: Lecture Series on Af-*

rican Security, Vol. 3, 2008, http: //www. diva-portal. org/smash/get/diva2: 610688/fulltext01. pdf.

Lali Mwamaka Sharifu. "East African Health Care System and China's Contribution to the Health Care Sector", *Working Papers for the International Conference on China's Constructive Engagement in Africa's Peace and Security*, Oct. 2016.

Lauren Ploch. *Africa Command: U. S. Strategic Interests and the Role of the U. S. Military in Africa*, CRS Report for Congress, Vol. 11, No. 9 – 16, 2010.

Lauren Ploch, *Africa Command U. S. Strategic Interests and the Role of The U. S. Military in Africa*, CRS Report for Congress, Oct. 2, 2009.

Maiangwa Benjamin, *West Africa's Terrorist Challenge and the Dynamics of Regional Response*, *Insight on Africa*, India: SAGE Publications, Jan 2013.

Malte Brosig. "The Emerging Peace and Security Regime in Africa: The Role of the EU", *European Foreign Affairs Review*, Vol. 16, No. 1, 2011.

Mark Malan. "U. S. Civil-Military Imbalance for Global Engagement: Lessons from the Operational Level in Africa", http: //pdf. usaid. gov/pdf_ docs/PCAAB774. pdf.

Martin Murphy. "The Most Lucrative Piracy in the World:

Tanker and Crew Taken off Togo," Sept. 1, 2012, http://www.murphyonpiracy.com/category/gulf-of-guinea-piracy, Dec. 12, 2016.

McKinnon, R. I.. "International Transfers and Nontraded Commodities: The Adjustment Problem", in Leipziger, D. M. (ed.), *The International Monetary System and the Developing Nations.* Washington, D. C.: Agency for International Development, 1976.

Michael Njunga Mulikita. "Africa's 'Militarization' by External Powers: What are its implications for China-Africa Cooperation?" *Working Papers for the International Conference on China's Constructive Engagement in Africa's Peace and Security*, Oct. 2016.

Njunga-Michael Mulikita. "Africa's Militarization by External Powers: What are its implications for China-Africa Cooperation?" *Working Papers for of International Conference on China's Construction Engagement in Africa's Peace and Security*, Oct. 2016.

Norbert Dorr, Susan Lund and Charles Rexburg. "The African Miracle: How the world's charity case became its best investment opportunity", *Foreign Policy*, Dec. 2010.

Paul D. Williams. "The African Union's Peace Operations: A Comparative Analysis", *African Security*, Vol. 2, Issue2&3, 2009.

Saeid Elshafie Khidir. "China's Constructive Engagement in Africa: Challenges & Prospects", *Working Papers for the International Conference on China's Construction Engagement in Africa's Peace and Security*, Oct. 2016.

Sallah Halifa. "On Anti-terrorism in the African Continent Experience and Lessons", *Working Papers for the International Conference on China's Construction Engagement in Africa's Peace and Security*, Oct. 2016.

S. Baize, D. Pannetier, L. Oestereich, et al. "Emergence of Zaire Ebola virus disease in Guinea," *The New England Journal of Medicine*, Vol. 371, No. 15, 2014.

Tobias Kronenberg. "The Curse of Natural Resources in the Transition Economies", *Economics of Transition*, Vol. 12, No. 3, 2004.

Tokunbo Simbowale Osinubi, Oladipupo SundayOsinubi. "Ethnic Conflict sin Contemporary Africa: The Nigerian Experience", *J. Soc. Sci.*, Vol. 12 (2), 2006.

UNCAD, *UNCAD Handbook of Statistics* 2010, Washington: United Nations publication, 2010.

Zacharias P Pieri. "The Boko Haram Paradox: Ethnicity, Religion, and Historical Memory in Pursuit of a Caliphate", *African Security Review*, Vol. 9, No. 1, 2016.

储昭根：《安全的再定义及其边界》，《国际论坛》2015 年第 4 期。

杜志雄、肖卫东、詹琳：《包容性增长理论的脉络、要义与政策内涵》，《中国农村经济》2010 年第 11 期。

冯荣松：《西非几内亚湾海盗现况分析及防范措施》，《中国海事》2014 年第 12 期。

冯宗宪、姜昕、赵驰：《资源诅咒传导机制之“荷兰病”——理论模型与实证研究》，《当代经济科学》2010 年第 4 期。

付辉、刘小利：《西非埃博拉疫情蔓延原因浅析》，《中华灾害救援医学》2014 年 9 月。

高传胜：《论包容性发展的理论内核》，《南京大学学报》（哲学 · 人文科学 · 社会科学版）2012 年第 1 期。

葛公尚：《非洲的民族主义与部族主义探析》，《西亚非洲》1994 年第 5 期。

《胡锦涛在中非合作论坛第五届部长级会议开幕式上的讲话》，2012 年 7 月 19 日，http：//www. gov. cn/ldhd/2012 - 07/19/content_ 2187072. htm，2017 年 1 月 10 日。

胡健、焦兵：《“资源诅咒”理论的兴起与演进》，《西安交通大学学报》（社会科学版）2010 年第 1 期。

贺文萍：《非洲安全形势特点及中非安全合作新视角》，《亚非纵横》2015 年第 2 期。

何苗：《资源诅咒？资源祝福?》，中国政法大学出版社 2015 年版。

黄严忠：《埃博拉、国家安全和中国对策》，《中国经济报告》2014 年第 12 期。

李安山：《中非合作的基础：民间交往的历史、成就与特点》，《西亚非洲》2015 年第 3 期。

李安山：《非洲民主化与国家民族建构的悖论》，《世界民族》2003 年第 5 期。

李少军：《国际政治学概论》，上海人民出版社 1995 年版。

李新烽：《中非友谊的基石：真、实、亲、诚》，《求是》2013 年第 9 期。

李新烽：《郑和下西洋与当代中国对非洲政策比较》，《西亚非洲》2010 年第 10 期。

刘丰：《美国军事干涉与国际秩序——美国军事干涉研究的中国视角》，上海人民出版社 2016 年版。

刘鸿武、杨广生：《尼日利亚“博科圣地”问题探析》，《西亚非洲》2013 年第 4 期。

刘鸿武、邓文科：《西共体对西非冲突的武装干预：背景、进程及趋势》，《亚非纵横》2014 年第 2 期。

刘鸿武、杨惠：《非洲一体化历史进程的百年审视及其理论辨析》，《西亚非洲》2015 年第 12 期。

刘青建、方锦程：《非洲萨赫勒地带恐怖主义扩散问题探析》,《现代国际关系》2014 年第 11 期。

刘青建等:《当前西方大国对非洲干预的新变化:理论争鸣与实证分析》,《西亚非洲》2014 年第 4 期。

刘莹:《“圣战”恐怖主义阴霾下的法国反恐问题研究》,群众出版社 2016 年版。

罗建波:《中非治国理政经验交流与非洲安全建设》,《中国建设性参与非洲和平与安全国际研讨会论文集》,2016 年 10 月。

门镜、[英]本杰明·巴顿:《中国、欧盟在非洲:欧中关系中的非洲因素》,李靖堃译,社会科学文献出版社 2011 年版。

[美]布丽奇特·L. 娜克丝:《反恐原理:恐怖主义、反恐与国家安全战略》,陈庆等译,金城出版社 2016 年版。

[美]大卫·巴拉什、查尔斯·韦伯:《积极和平:和平与冲突研究》,刘成等译,南京出版社 2007 年版。

莫翔:《当代非洲安全机制》,浙江人民出版社 2013 年版。

倪世雄等:《当代西方国际关系理论》,复旦大学出版社 2001 年版。

《欧盟联盟基础条约:经〈里斯本条约〉修订》,程卫东、李靖堃译,社会科学文献出版社 2010 年版。

潘华琼:《试论图阿雷格人与马里危机——兼论马里的

民族国家建构问题》,《西亚非洲》2013 年第 4 期。

[日] 星野昭吉:《全球政治学——全球化进程中的变动、冲突、治理与和平》,刘小林、张胜军译,新华出版社 2000 年版。

沈志雄:《美国非洲政策的军事化趋势》,《美国研究》2014 年第 6 期。

孙德刚:《安全认知的变化与法国在非洲军事基地的战略调整》,《外交评论》2011 年第 5 期。

唐晓:《非洲萨赫勒地区问题:国际社会的努力及挑战》,《外交评论》2013 年第 5 期。

唐晓阳:《中国企业应对非洲安全风险的独特策略》,《中国建设性参与非洲和平与安全国际研讨会论文集》2016 年 10 月。

王逸舟:《创造性介入:中国外交新取向》,北京大学出版社 2011 年版。

王逸舟:《创造性介入:中国之全球角色的生成》,北京大学出版社 2013 年版。

《习近平在中非合作论坛约翰内斯堡峰会开幕式上的致辞》,2015 年 12 月 4 日,http://news.xinhuanet.com/world/2015-12/04/c_1117363197.htm,2017 年 1 月 10 日。

谢青:《当代西方国际关系理论中的安全理念》,《世界经济与政治论坛》2000 年第 4 期。

徐军强：《西非埃博拉病毒病疫情的反思与启示》，《公共卫生与预防医学》2015 年第 1 期。

徐秀丽、高逸暘、李小云、马俊乐：《是“资源诅咒”还是“制度诅咒”？——坦桑尼亚矿业及其发展》，《资源与产业》2014 年第 4 期。

徐伟忠：《中国参与非洲的安全合作及其发展趋势》，《西亚非洲》2010 年第 11 期。

尹忠伟等：《赴马里维和部队面临的传染病威胁及对策》，《解放军预防医学杂志》2016 年第 1 期。

张宏明：《多维视野中的非洲政治发展》，社会科学文献出版社 1999 年版。

张宏明：《论黑非洲国家部族问题和部族主义的历史渊源》，《西亚非洲》1995 年第 5 期。

张宏明：《部族主义因素对黑非洲民族国家建设的影响》，《西亚非洲》1998 年第 4 期。

张宏明：《部族主义因素对黑非洲国家政体模式取向的影响》，《西亚非洲》1998 年第 5 期。

张淼：《西非战胜埃博拉，中国发挥重要角色》，《疾病监测》2016 年第 1 期。

张永宏：《中非发展合作：世界和平与安全的新基石》，《中国建设性参与非洲和平与安全国际研讨会论文集》2016 年 10 月。

张忠民：《泛非主义、非洲民族主义、部族主义关系浅析》，《徐州师范学院学报》（哲学社会科学版）1996 年第 4 期。

张忠祥：《中非和平与安全合作：成就、挑战与前瞻》，《中国建设性参与非洲和平与安全国际研讨会论文集》2016 年 10 月。

赵华胜：《不干涉内政与建设性介入——吉尔吉斯斯坦动荡后对中国政策的思考》，《新疆师范大学学报》（哲学社会科学版）2011 年第 1 期。

郑先武：《非洲内部冲突的区域化趋势：一种综合安全观》，《国际论坛》2011 年第 9 期。

《中国对非洲政策文件》，2006 年 1 月 12 日，http：//www. focac. org/chn/zfgx/zfgxdfzc/t481253. htm，2017 年 1 月 10 日。

周辑、张永义：《非洲维和机制探析》，《当代世界与社会主义》2005 年第 4 期。

周士新：《中国对中东变局的建设性介入》，《阿拉伯世界研究》2013 年第 2 期。

周王启、张晓明：《国际关系中的和平、稳定与安全》，《国际政治研究》2004 年第 2 期。

周玉渊：《地区间主义的两种形式：基于欧盟与中国对非地区间合作经验的分析》，《世界经济与政治》2011 年第 7 期。

张春宇，中国社会科学院世界经济与政治研究所助理研究员，博士。研究领域为海洋经济、中非合作。出版《中国海洋金融战略》等著作，发表与中非合作相关的中英文学术论文十余篇，发表与海洋经济相关学术论文十余篇。参与《国家海洋经济“十三五”规划》等多项重要政策文件的研究和编制。主持外交部、原国家海洋局重大课题十余项，曾获外交部2016年中非联合交流计划研究课题优秀奖等奖项。本智库报告建立在作者对多个非洲国家的实地调研的基础之上。

张梦颖，中国社会科学院研究生院西亚非洲系博士研究生。2010年获加拿大阿尔伯塔大学经济学荣誉学士学位，2011年获加拿大英属哥伦比亚大学经济学硕士学位。曾任中国社会科学杂志社编辑。发表论文《中国经济放缓对非洲影响的国际舆情评析》（独著），《中国参与几内亚湾地区和平与安全合作：挑战与深化路径》（合著）。参与外交部2016年中非联合交流计划研究课题获优秀奖。

中国社会科学院西亚非洲研究所是根据毛泽东主席的指示于1961 年 7 月 4 日创建的多学科综合性研究所，是目前中国规模最大、研究力量最集中的中东、非洲问题研究机构和智库。该所研究对象涉及中东、非洲 74 个国家和地区，重点研究当代中东、非洲地区，各国政治、经济、社会、民族、宗教、法律以及大国与中东、非洲，中国与中东、非洲等国际关系问题。主办学术期刊《西亚非洲》（双月刊），主编综合性年度研究报告集《中东黄皮书》和《非洲黄皮书》；主管中国社会科学院海湾研究中心和中国社会科学院西亚非洲研究所南非研究中心。全国性学术社团中国亚非学会和中国中东学会挂靠于该所。中国社会科学院研究生院西亚非洲研究系设在该所，招收和培养中东和非洲政治、经济和国际关系等专业方向的硕士和博士研究生，为国内中东非洲研究培养专业人才。经过近 60 年的发展，西亚非洲研究所已逐步成为国内外中东非洲研究领域的知名学术机构。

中国社会科学院国际合作局是负责组织推进全院对外学术交流合作的职能部门。中国社会科学院对外交流合作遍及100多个国家和地区，同海外160余个机构建立了协议交流关系，其中主要是各国科学院、国家级科研机构、高端智库、知名学府以及重要国际组织。对外学术交流的形式主要有学者互访、举办国际研讨会、合作研究、培训、出版等。近年来，每年中外学者互访达5000余人次，举办国际性学术会议150余场。与10余个国家的科研机构共同组织开展合作研究项目。近五年来，与国外知名学术出版社合作，对外翻译出版学术著作700余部。印行《中国社会科学》等16种英文学术期刊。在海外已建立形成中国研究中心网络。

中国社会科学出版社成立于1978年6月，是由中国社会科学院主管的一家以出版哲学社会科学学术著作为主的国家级出版社。1993年首批荣获中共中央宣传部和国家新闻出版总署授予的全国优秀出版社称号。中国社会科学出版社成立40周年以来，出版了大量人文社会科学学术精品，图书先后获得国家图书奖荣誉奖、国家图书奖、中国图书奖、中国出版政府奖图书奖、“中国好书”奖、中华优秀出版物奖、“三个原创一百”图书奖和全国优秀通俗理论读物奖等国家级奖励。在南京大学中国社会科学评价研究院发布的《中文学术图书引文索引》中，中国社会科学出版社图书被引综合排名在全国近600家出版社中位居第四；在中国文化走出去效果评估中心发布的《中国图书海外馆藏影响力研究报告》中，中国社会科学出版社海外馆藏影响力位列第一。近年来，中国社会科学出版社在《剑桥中国史》《中国社会科学院学者文选》等传统图书品牌的基础上，打造“中社智库”丛书，《理解中国》丛书、《中国制度》丛书等出版品牌，已经发展成为我国马克思主义理论的重要出版阵地、哲学社会科学出版重镇、国家高端智库成果的重要发布平台和中国学术“走出去”的主力军。